Wolfgang Teichert (Hrsg.)

Theopoetische Annäherungen

Hamburger Bischöfin,
Pröpstinnen und Hauptpastoren
interpretieren ihr Lieblingsgedicht

Evangelische Akademie Nordelbien

Orientierungen
Band 5

D1726034

Wolfgang Teichert (Hrsg.)

Theopoetische Annäherungen

Hamburger Bischöfin,
Pröpstinnen und Hauptpastoren
interpretieren ihr Lieblingsgedicht

Evangelische Akademie Nordelbien

Orientierungen
Band 5

EB-Verlag

Herausgegeben von der Evangelischen Akademie Nordelbien
Orientierungen; Band 5

Wir danken den Verlagen für die Nachdruckerlaubnis von:

Hermann Hesse	aus: Sämtliche Werke, Band 5, (c) Suhrkamp Verlag Frankfurt 2001 „Stufengedicht"
Jesse Thoor	aus: Gedichte. (c) Suhrkamp Verlag Frankfurt 1975
Joachim Ringelnatz	aus: Sämtliche Gedichte, (c) Diogenes Verlag AG Zürich 1997, Kindergebetchen
Pablo Neruda	aus: P.N., Das lyrische Werk III, übers. von Monika López und Fritz Vogelsang, (c) 1986 Hermann Luchterhand Verlag GmbH & Co. KG, Darmstadt und Neuwied
Hilde Domin	Abel, steh auf - Den Rechtsinhaber konnten wir leider nicht feststellen

Die Deutsche Bibliothek - CIP-Einheitsaufnahme

Teichert, Wolfgang:
Theopoetische Annäherungen : Hamburger Bischöfin,
Pröpstinnen und Hauptpastoren interpetieren ihr Lieblingsgedicht /
Wolfgang Teichert. Hrsg.:
Evangelische Akademie Nordelbien. - Hamburg : EB-Verl., 2001
(Orientierungen; Band 5)
ISBN 3-930826-78-X

Umschlaggestaltung: Thoelen & von Marschall

Satz: Rainer Kuhl

© EB-Verlag, Hamburg 2001
www.ebverlag.de

Druck und Bindung: Druckerei Rosch-Buch, Scheßlitz
Printed in Germany

Inhaltsverzeichnis

Kathrin Gelder
Rainer Maria Rilke
Sonette an Orpheus, XIX   1

Axel Denecke
Pablo Neruda
Lange, mit Geduld   13

Wilfried Kruse
Matthias Claudius
Der Mond ist aufgegangen   27

Helge Adolphsen
Hilde Domin
Abel, steh auf   43

Lutz Mohaupt
Matthias Claudius
Der Mensch   53

Maria Jepsen
Jesse Thoor
In einem Haus   63

Ferdinand Ahuis
Hermann Hesse
Stufengedicht   77

Heide Emse
Friedrich Nietzsche
Sils Maria   95

Malve Lehmann-Stäcker
Joachim Ringelnatz
Kindergebetchen   109

Uta Grohs
Paul Gerhardt
Wie soll ich dich empfangen?   113

EVANGELISCHE AKADEMIE NORDELBIEN

REIHENFOLGE DER VORTRÄGE „THEO-POESIE"

17. Januar 2001
19.00 Uhr
RAINER MARIA RILKE: SONETTE AN ORPHEUS, XIX
Dr. Dr. Kathrin Gelder, Pröpstin für den Kirchenkreis Alt-Hamburg

14. Februar 2001
19.00 Uhr
PABLO NERUDA: "LANGE ... MIT GEDULD"
Prof. Dr. Axel Denecke, Hauptpastor von St. Katharinen

21. März 2001
19.00 Uhr
MATTHIAS CLAUDIUS: DER MOND IST AUFGEGANGEN
Wilfried Kruse, Hauptpastor von St. Petri

25. April 2001
19.00 Uhr
HILDE DOMIN: ABEL, STEH AUF
Helge Adolphsen, Hauptpastor von St. Michaelis

16. Mai 2001
19.00 Uhr
MATTHIAS CLAUDIUS: DER MENSCH
Dr. Lutz Mohaupt, Hauptpastor von St. Jacobi

6. Juni 2001
19.00 Uhr
JESSE THOOR: IN EINEM HAUS
Maria Jepsen, Bischöfin für Hamburg

26. Sept. 2001
19.00 Uhr
HERMANN HESSE: STUFEN
Dr. Ferdinand Ahuis, Hauptpastor von St. Nikolai

10. Okt. 2001
19.00 Uhr
FRIEDRICH NIETZSCHE: SILS MARIA
Heide Emse, Oberkirchenrätin in Kiel

7. Nov. 2001
19.00 Uhr
JOACHIM RINGELNATZ: KINDERGEBETCHEN u. a.
Malve Lehmann-Stäcker, Pröpstin für den Kirchenkreis Blankenese

5. Dez. 2001
19.00 Uhr
PAUL GERHARDT: WIE SOLL ICH DICH EMPFANGEN?
Uta Grohs, Pröpstin für den Kirchenkreis Stormarn

jeweils mittwochs

ESPLANADE 15 ♦ 20354 HAMBURG ♦
Tel. 040/35 50 56-0 ♦ Fax 040/35 50 56-16

Vorwort

„Theo-Poesie". Das ist der ebenso reizvolle wie abenteuerliche Versuch, Hauptpastoren der Hansestadt Hamburg und Pröpstinnen in Beziehung zu setzen zu Gedichten, die sie heimlich oder auch öffentlich gerne lesen, die sie „brauchen" oder die ihnen das tägliche Leben aufschließen und in einem anderen Licht erscheinen lassen. Diese kleinen Vignetten sind der bewusste Versuch, Theologinnen und Theologen Gedichten auszusetzen, sie vortragen und interpretieren zu lassen; immer in der Gefahr, dass man Gedichte imperialisiert und ausnutzt für theologische Lieblingsgedanken.das haben alle vermieden, mehr noch: Die Autorinnen und Autoren der Beiträge in diesem Büchlein haben sich im Verfolg ihrer Lektüre von „ihren" Gedichten anreden und ergreifen lassen, so dass ihre Ausführungen wie Resonanzen, wie Antworten sich anhören, die nach einem sorgfältigen Hören formuliert und gewagt worden sind. Während der Veranstaltungen in der Akademie sind die Hörerinnen und Hörer selber in die Interpretation „eingestiegen".

Es hat lebhaften Austausch über diese Gedichte gegeben. Und bei allem ist deutlich geworden: Eine theopoetische Annährung, künstlerisch und theologisch verantwortet, vermag den Texten etwas abzugewinnen, was nur in dieser Perspektive möglich erscheint. Es geht nicht um ein „göttlich machen" profaner Texte, aber eben auch nicht um eine einfache immanente Werkinterpretation. Die Leserinnen und Leser, also die Rezipienten kommen in den Blick und geben eine, nur ihnen mögliche Resonanz. Zuerst die beteiligten Theologinnen und Theologen und dann aber auch die Leserinnen und Leser, die wir uns wünschen. Sie mögen selber angeregt sein, die Gedichte auf ihre Art zu lesen, zu hören und zu verstehen. Darum auch haben wir den „Redecharakter" der Manuskripte weitgehend beibehalten. So atmet der Text etwas von der erlebten Lebendigkeit und Spannung.

Wolfgang Teichert

Kathrin Gelder

Sonette an Orpheus, XIX

von Rainer Maria Rilke

Ich freue mich sehr, dass ich diese interessante und ungewöhnliche Reihe heute Abend eröffne. Ich freue mich über diese Idee aus verschiedenen Gründen. Für mich schließt sich in der Tat ein Bogen zu etwas, was ich vor allen Dingen studiert habe, nämlich Literaturwissenschaften und Germanistik und dem, was ich in der Praxis tue, nämlich theologisch zu denken und zu arbeiten. Auch in den praktischen Leitungserfordernissen als Pröpstin versuche ich mir Literatur und Theologie zu bewahren, also nicht nur Finanz- und Verwaltungsentscheidungen zu treffen. Das, was ich tue, möchte ich auch von der Theologie her angehen; in den Predigten, die ich halte, sowieso. Es schließt sich also ein Bogen. Es schließt sich für mich auch ein Bogen in die 70er Jahre, weil damals mir Rilke zum ersten Mal nahe gekommen ist, insbesondere seine Gedichte, ursprünglich beginnend mit dem „Stundenbuch".

Es schließt sich der Bogen nun nicht nur in diesem sehr grundsätzlichen Sinne, sondern mit dem Thema in besonderer Weise, als ich mich fragte, was es heißt, als Theologin dieses Gedicht auszusuchen. Mir kam in den Sinn, dass ich mich in meiner Dissertation in Germanistik mit Theorien der Interpretation befasst habe und insofern schließt sich auch dieser Kreis.

Ich habe damals promoviert über einen amerikanischen Literaturtheoretiker mit dem deutschen Namen Hirsch. Und dieser Eric Donald Hirsch hat eine Theorie entwickelt, die mir zugute kommt, wie ich als Theologin mit diesem Gedicht umgehe. Die Theorie hat zwei Hauptthesen. Die eine Hauptthese ist: Es ist wichtig, bei dem Umgang mit Texten zu unterscheiden zwischen der – wie es der Amerikaner auf englisch sagt – „meaning" und „significance", übersetzt mit „Sinn" und „Bedeutung".

Die zweite Hauptthese besteht darin, dass er gesagt hat, es ist wichtig, wenn man nach dem „meaning", also dem Sinn eines Textes fragt – das gilt für Prosa wie für Poesie –, nach der sogenannten Autorintention zu fragen; also danach, was der Autor oder die Autorin mit diesem Text eigentlich beabsichtigt. Das ist eine für einen Laien, der sich für Literatur interessiert, ganz normale Vorstellung. Das ist für einen Literaturwissenschaftler oder eine Literaturwissenschaftlerin eine sehr ungewöhnliche Fragestellung. Denn in der Literaturwissenschaft ist es nicht üblich, danach zu fragen, was die Absicht des Autors oder der Autorin ursprünglich gewesen ist, jedenfalls nicht in der deutschen Literaturwissenschaft der vergangenen Jahrzehnte.

Das Interessante an Eric Donald Hirsch ist, dass er gesagt hat – das fand ich schon damals als Theologin spannend –, dass man , wenn man einen Text interpretiert, nach dem fragen sollte, was der Autor ursprünglich gemeint hat. Das habe vor allen Dingen ethische Gründe. Man sei es ethisch jemandem, der einen Text schreibt, schuldig, dass man, bevor man diesen Text praktisch für eigene Zwecke gebraucht, versucht, herauszufinden, was derjenige, der diesen Text in die Welt gesetzt hat, damit sagen wollte.

Diese Literaturtheorie ist in den 60-er, 70-er Jahren in Amerika entwickelt worden. Ich habe dann versucht, sie mit meiner Arbeit, auch in der deutschen Literaturwissenschaft mit wirksam zu machen und für die deutsche Literaturwissenschaft zu interpretieren.

Ich möchte mit diesem Gedicht so umgehen, dass ich im Sinne dieser Theorie von Eric Donald Hirsch, die mir nach wie vor einleuchtet, zunächst nach der „meaning" frage, also danach, was vermutlich Rilke damit gemeint hat. Dann möchte ich in einem zweiten Schritt danach fragen, was dieses Gedicht für mich als Theologin bedeutet.

Und das wäre dann der typische zweite Schritt nach dieser Theorie von Hirsch, nämlich die Frage nach der „significance" oder der Bedeutung. Diese Frage nach der significance und der Bedeutung ist nach der Interpretationstheorie von Hirsch nämlich frei von aller Frage, die man im ersten Schritt angestellt hat, völlig frei davon, was dieser Text für die Meinung des Autors ursprünglich bedeutet und warum der Autor oder die Autorin diesen Text geschrieben hat. Ich bin frei, diesen Text so auszulegen, wie er dann für mich selbst und für andere bedeutsam wird. Was dann diese Bedeutung ausmacht, das ist der eigenen Kreativität, den eigenen Kontexten und den eigenen Interessen überlassen.

Insofern bin ich nach dem ersten Schritt, was Rilke vermutlich damit gemeint hat, dann auch ganz frei, als Theologin zu sagen, was bedeutet dieser Text, dieses Gedicht, persönlich für mich? Warum spricht es mich als Mensch an, aber warum spricht es mich auch speziell als Theologin an?

Das ist nämlich bei diesem Gedicht so gewesen. Ich habe ein Gedicht ausgewählt, das mich vor allen Dingen auch als Theologin interessiert und anspricht. Damit haben wir genügend Vorspann und ich lese jetzt das Gedicht:

Rainer Maria Rilke: Sonette an Orpheus, 1. Teil XIX

Wandelt sich rasch auch die Welt
wie Wolkengestalten,
alles Vollendete fällt
heim zum Uralten.

Über dem Wandel und Gang,
weiter und freier,
währt noch dein Vor-Gesang,
Gott mit der Leier.

Nicht sind die Leiden erkannt,
nicht ist die Liebe gelernt,
und was im Tod uns entfernt,

ist nicht entschleiert.
Einzig das Lied überm Land
heiligt und feiert.

Was ist im Sinne Rilkes zu diesem Gedicht zu sagen? Ich spreche jetzt als Germanistin. Zunächst einmal ist ein Sonett eine bestimmte Form, eine ursprünglich aus dem Italienischen stammende Gedichtform. Ein Sonett baut sich so auf in der klassischen Form, die Rilke übernommen hat; zweimal vier Verse und zweimal drei Verse. In der Regel ist es so, dass in diesen beiden Vierzeilern antithetisch so etwas wie eine Hauptthese aufgestellt wird. In den zwei Dreizeilern wird das dann entfaltet. „Wandelt sich rasch auch die Welt wie Wolkengestalten, alles Vollendete fällt heim zum Uralten." Das Grundthema: Die Welt erstreckt sich in der Spannung zwischen dem, was sich wandelt und verändert und dem, was bleibt, zwischen dem, was neu entsteht und in die Welt kommt und dem, was von Anfang an war und zum Ursprung zurückkommt.

„Über dem Wandel und Gang, weiter und freier, währt noch dein Vor-Gesang, Gott mit der Leier." Auch hier: Wandel und Gang, die Bewegung, die Dynamik, das, was sich verändert. Ein Element der Wirklichkeit, ein Element der Welt. „... währt noch dein Vor-Gesang, Gott mit der Leier".

Orpheus ist die mythische Gestalt, die keinen Anfang und kein Ende hat und die von Beginn an war. Also, die Hauptthese dieses Gedichtes: ausgespannt in der Spannung zwischen dem, was sich entwickelt und wandelt, und dem, was von Beginn an war und was immer so sein wird. So deutet Rilke Welt und Dasein. Nun hatte ich eben gesagt, in diesem Sonett wird das, was zunächst angesprochen ist, entfaltet. Hören wir mit diesen Ohren darauf, wie es weitergeht.

„Nicht sind die Leiden erkannt, nicht ist die Liebe gelernt, und was im Tod uns entfernt, ist nicht entschleiert. Einzig das Lied überm Land heiligt und feiert." Zu dem, was sich wandelt und verändert, gehören die nicht erkannten Leiden, die nicht gelernte Liebe und der Tod. „Einzig das Lied überm Land heiligt und feiert." Das ist das Bleibende, das alles Umschließende, das Lied, die Klänge, die Musik, die bleibt, die immer schon war und die immer sein wird.

Oder auch mit der mythischen Gestalt des Orpheus gesagt: Orpheus ist in der griechischen Mythologie die Grundgestalt für Musik, Klang und Gesang. Es wird erzählt, dass Orpheus mit seinem Saitenspiel alle betört hat, Menschen und Tiere, dass er mit seinem Gesang Eurydike, nachdem sie in der Unterwelt verschwunden war, wieder hervorholen konnte. Allerdings kommt dann ein Element, – das sage ich jetzt schon mal als Theologin – dass mich an die Geschichte von Sodom und Gomorrha und den Rückblick von Lots Frau erinnerte, dass erzählt wird, Orpheus blickte sich dann um, obgleich er es noch nicht durfte, und in dem Moment entschwand Eurydike. Das ist aber ein Element dieses Orpheusmythos, das in diesem Zusammenhang weniger interessiert. Hier geht es also vor allen Dingen darum, dass, wenn Rilke von dem Lied spricht, das heiligt und feiert und das bleibt und das alles überdauert und das alles umschließt, dass er dann die Gestalt des Orpheus dabei im Hinterkopf hat, der als mythische Gestalt dafür steht.

Dieses Gedicht von Rainer Maria Rilke ist 1922 entstanden, aufgeschrieben wahrscheinlich in den ersten Tagen des Jahres 1923. Es ist entstanden in der Zeit, in der es ihm gesundheitlich schon sehr schlecht ging, in der Zeit, die immer wieder unterbrochen wurde durch Kuren, in der Zeit, in der er sich in der Schweiz niedergelassen hat und sich auf das Schloss Muzot im Wallis zurückgezogen hat in den letzten Jahren seines Lebens. Dort ist er 1926 gestorben.

In dieser Spätphase seines Schaffens ist dieses Gedicht, sind überhaupt die „Sonette an Orpheus" entstanden, zunächst die „Duineser Elegien" und dann die „Sonette an Orpheus" in zwei Sammlungen, den ersten und den zweiten Teil. Auch das ist bei Sonetten meistens so, dass es nicht *ein* Sonett ist, sondern eine Sammlung von Sonetten. Die „Duineser Elegien" haben ebenfalls Orpheus als mythische Gestalt im Hintergrund und sagen im Grunde genommen die Bedeutungen der Musik, der Kunst, der vertonten Kunst für das Sein, das Dasein und die Daseinsdeutung aus, was dann die „Sonette an Orpheus" explizit aussagen.

Man sagt, dass dieses Gedicht oder die „Sonette an Orpheus" überhaupt in einer Zeit entstanden sind, in der Rilke in Vielem ernüchtert worden ist und dann wieder nach seiner Ernüchterung eine positive oder positivere Weltsicht gewonnen hat oder sie ihm – das sage ich jetzt als Theologin – geschenkt worden ist. Für die Phase der Ernüchterung stehen „Die Aufzeichnungen von Malte Laurids Brigge". Dieser Text gehört zu der Ernüchterungsphase, in der Rilke die ganzen seelischen, psychischen Leiden, die Ambivalenzen des menschlichen Daseins, wie sie sich in der Seele eines Menschen abspielen, auch in biographischer Weise, literarisch verarbeitet. In den Sonetten ist wieder eine andere Sicht auf die Welt vorhanden als im Malte Maurids Brigge. „Wandelt sich rasch auch die Welt wie Wolkengestalten, alles Vollendete fällt heim zum Uralten. Über dem Wandel und Gang, weiter und freier, währt noch dein Vor-Gesang, Gott mit der Leier. Nicht sind die Leiden erkannt, nicht ist die Liebe gelernt, und was im Tod uns entfernt, ist nicht entschleiert. Einzig das Lied überm Land heiligt und feiert."

Manche Interpreten dieses Gedichtes meinen, es wäre atheistisch. „Nicht sind die Leiden erkannt, nicht ist die Liebe gelernt, und was im Tod uns entfernt, ist nicht entschleiert. Einzig das Lied überm Land heiligt und feiert." Sie meinen, dass gerade dieses, die nicht erkannten Leiden, die nicht gelernte Liebe, ein grundsätzlicher Gegensatz ist zu dem christlichen, religiösen Verständnis, wie es sich etwa im paulinischen „Hohelied der Liebe" in 1. Korinther 13 zeigt. Darauf komme ich dann im theologischen Teil zurück.

Aber ich finde, auch wenn man es nicht schon theologisch ansieht, sondern dieses Gedicht so auf sich wirken lässt, ist es für mich jedenfalls nicht die einzige Deutung zu sagen, es ist ein atheistisches Gedicht, weil die Liebe verneint wird, der Tod uns entfernt und nichts entschleiert ist. Bei denen, die es so interpretieren, steht im Hintergrund natürlich auch ein Wissen um die Äußerungen Rilkes selbst zum religiösen Bereich, zur Kirche, zum Christentum. *Es gibt aus der Zeit vor der Entstehung der Sonette auch grundsätzlich atheistische Äußerungen, absolute Abgrenzung und Ablehnung des Christentums.*

Interessant ist aber, dass Rilke in der Zeit, in der er auf Schloss Muzot war, auch im Zusammenhang seines 50. Geburtstages eine Kapelle in der Nähe aufgesucht hat und für seine damaligen finanziellen Verhältnisse mit sehr großem Aufwand dort Blumenschmuck hingestellt und gestiftet hat. Also ich denke schon, dass es bei Rilke so war, dass sich auch unterschiedliche Elemente in seinem Glaubensverständnis durchgehalten haben.

Die grundsätzliche Ablehnung, die in manchen Äußerungen zu finden ist in den Jahren zwischen 1910 und 1920, hängt sicherlich zusammen mit seiner Auseinandersetzung – wie das bei vielen Menschen und auch vielen Männern ist – mit seiner Mutter, die in besonderer Weise römisch-katholisch und manche sagen neurotisch-römisch-katholisch geprägt war. Das habe ich nicht im einzelnen verfolgt, aber so lauten die Interpretationen. Und für diejenigen von Ihnen, die das interessiert, möchte ich auf einen Artikel hinweisen – ich war ganz begeistert, als ich das fand – (Deutsches Pfarrerblatt 12/2000). „Er lebte seine eigene Religion – Rainer Maria Rilke, 4.12.1875 - 29.12.1926". Martin Haustein, der Autor geht im einzelnen auf das Verhältnis Rilkes zu Kirche und zum Christentum ein.

Ich lese noch einmal das Gedicht, und dann versuche ich eine theologische Interpretation.

Wandelt sich rasch auch die Welt
wie Wolkengestalten,
alles Vollendete fällt
heim zum Uralten.

Über dem Wandel und Gang,
weiter und freier,
währt noch dein Vor-Gesang,
Gott mit der Leier.

Nicht sind die Leiden erkannt,
nicht ist die Liebe gelernt,
und was im Tod uns entfernt,

ist nicht entschleiert.
Einzig das Lied überm Land
heiligt und feiert.

Jetzt also mit Eric Donald Hirsch zur significance, zur Bedeutung. Was bedeutet mir dieses Gedicht als Mensch, als Frau, als Pastorin, als Theologin? Mich hat unmittelbar angesprochen – als Mensch, als Frau und als Theologin, das ist nicht alles so voneinander zu trennen – diese Thematik der Veränderung und der Kontinuität, wie ich das nenne, des Wandels und des Bleibenden, des Unabgeschlossenen, der Sehnsucht nach etwas, was immer schon war und immer noch sein wird, wenn wir nicht mehr sind. Und diese Spannung im Gedicht ist ganz unmittelbar und lebendig ausgedrückt. Und nicht nur unmittelbar und lebendig, sondern sehr gewinnend, suggerierend; so dass man, wenn man dieses Gedicht liest, eigentlich gar nicht umhin kann, von dieser Spannung des Daseins selbst etwas zu spüren und in gewisser Weise ergriffen zu werden und irgendwie zu merken, ja so ist das.

So ist das mit unserem Dasein, so ist das mit unserem Leben, so ist das mit unserer Existenz. Dass sie immer ausgespannt ist zwischen diesen beiden Polen, dessen was sich entwickelt, was sich verwandelt, wovon wir nicht wissen, wie wird es sein, wie wird es sich entwickeln, wie wird der Weg sein? Ich sehe nur die einzelnen Schritte, die ich gehe, oder einzelne Stationen, aber wie sich mein Leben als Ganzes entwickeln wird, was für ein Entwurf es irgendwann einmal gewesen sein wird, das sehe ich alles nicht. So der eine Pol. Und der andere Pol dann, dass zum Menschsein immer auch gehört, dass wir gar nicht existieren und nicht leben können, wenn es nicht auch Dinge in unserem Leben gibt, Erfahrungen, die bleiben, die Kontinuität verkörpern, Vertrautes: für viele ist es die Tradition, für viele ist es die Heimat.

Es ist sehr verschieden, an welchen Bildern, an welchen Worten sich dieses Bleibende festmacht. Es ist auch sehr unterschiedlich nach eigener Mentalität, nach eigener Biographie und auch nach eigener Generation, also auch nach den Verhältnissen, von denen wir geprägt worden sind. Folgendes ist denn auch ein äußerst theologischer Satz: Das Leben ist ausgespannt zwischen diesen Polen, das Unterwegssein, (*homo viator*: der Mensch ist einer, der unterwegs ist), dem Noch-nicht-am-Ziel-sein. Und auf der anderen Seite der Zuversicht, dem

Vertrauen, dem Glauben, dass es einen Gott gibt, der dies alles umfängt. Manche sprechen von der Allmacht. Andere sprechen von dem Bleibenden. Für mich sind die Bilder und die Worte und die Gedanken, die mit Ewigkeit zu tun haben, sehr wichtig.

Ich habe mich zu Beginn meines Studiums interessanterweise mit sogenannten eschatologischen Texten beschäftigt, in denen es um Auferstehung und ewiges Leben geht. Jürgen Moltmann, „Theologie der Hoffnung", war für mich eins der wichtigsten Bücher und ist es bis heute. Ja, Leben ist ausgespannt zwischen diesen beiden Polen. Dass wir einerseits unser Leben und das Dasein insgesamt nicht im Griff haben, und, dass wir das Ganze nicht kennen und dass wir auf Bruchstückhaftes angewiesen sind; andererseits doch auch darauf, dass es Tragendes gibt, und Tragendes hat immer auch etwas mit Bleibendem zu tun. Ein Boden, der jeden Moment weggezogen wird, trägt nicht. Das heißt, ein tragender Boden ist immer auch einer, der bleibt.

Theologen und Theologinnen sprechen in diesen Zusammenhängen auch gerne von dem „schon Jetzt" und dem „noch nicht". Und meinen damit das „schon jetzt" und das „noch nicht" des Reiches Gottes. Damit ist gemeint, dass von dem Reich Gottes „Dein Reich komme", um das wir bitten im Vaterunser, in dieser Welt immer schon etwas anbricht. Aber immer nur stückhaft, stückweise, anbruchshaft und nie in Vollendung.

Das ist das „schon jetzt" des Reiches Gottes. Und innerhalb der neutestamentlichen Schriften ist davon besonders im Johannesevangelium die Rede. Deswegen haben auch einige Theologen für ihre Gesamtdeutung des Johannesevangeliums den Begriff von der sogenannten präsentischen Eschatologie gewählt. Eschatologie, die Lehre von den letzten Dingen, und präsentische Eschatologie heißt also, diese letzten Dinge sind im Präsens, in der Gegenwart schon da. Und interessanterweise ist im Johannesevangelium eben Ewigkeit nicht nur etwas, was irgendwann einmal kommt und was vielleicht vor allem schon war, sondern ist immer etwas, was auch in dieser Welt jetzt schon anwesend ist.

Das ist für mich nicht nur etwas, was sich Theologen irgendwie als Begriffsspielerei ausgedacht haben, sondern etwas, was von tiefster, ja persönlicher Bedeutung für mich ist, wovon ich aber auch glaube, dass es ganz viel erschließt an Daseinsbedeutung. Das ist von der anderen Qualität des Lebens, die Gott schafft und die mit seiner Ewigkeit etwas zu tun hat und die auch etwas zu tun hat mit dem Gekreuzigtem und Auferwecktem. Dass davon nicht erst nach dem Tod in der Auferweckung etwas wahr wird, sondern das dieses auch, diese andere Qualität des Lebens, diese Ewigkeitsqualität des Lebens, schon in unserer Welt und in unserem Leben und in unserer Zeit mit anbricht. Ich hätte eben fast gesagt „erfahrbar wird", und das habe ich dann zum Glück nicht gesagt, denn das ist genau das Problem: Das, was anbricht, ist nicht überall und sogleich erfahrbar.

Dieses zu glauben und die Welt so zu sehen, das von dieser anderen Qualität des Lebens hinterher dann auch das Bruchstückhafte und alles Leiden überwunden ist und die Tränen abgewischt werden, dass davon hier schon etwas zu spüren ist, das ist nur begrenzt erfahrbar. Vielleicht ist es auch eine Frage des Wortes, dass Menschen unter Erfahrung was verschiedenes verstehen. Aber es ist jedenfalls nach meinem Verständnis etwas, was die Erfahrungsrealität auch sprengt. Das ist eine Zuversicht, eine Hoffnung, eine Sicht auf die Wirklichkeit, auf mein Leben, auf das Leben Anderer, auf die Welt, die auch über die unmittelbaren Erfahrungen hinaus geht und hinaus reicht. Und wo dann diese Zuversicht und diese Hoffnung auf etwas gerichtet ist, was auch ein Stück unsere Erfahrungen überschreitet. Diese Erfahrungen, die immer auch davon geprägt sind, dass die Leiden nicht erkannt sind, dass die Liebe nicht gelernt ist.

Dass dieses Gedicht mich von Beginn an fasziniert, hat etwas damit zu tun, dass es eine Wirklichkeit Gottes gibt, die mit Vergebung und Erlösung und ewigem Leben zu tun hat, das befreit mich auch dazu, das, was in diesem Leben und in dieser Welt beschädigt ist und misslingt und was da ist an Hass und Krieg, und an Gebrochenheit und Zerbrochenheit, wahrzunehmen. Ich bin davon überzeugt, dass gerade der Glaube und die Zuversicht und das Vertrauen, dass es einen Gott gibt, der trägt und hält, auch dazu befreit, die oft schreckliche

Wirklichkeit wahrzunehmen und auszuhalten. Und eben nicht immer eine rosa-rote Brille aufsetzen zu müssen. Sondern mit den Psalmen gesagt, klagen und loben zu können. Und nicht immer ein bisschen klagen und ein bisschen loben zugleich, sondern entweder ganz klagen oder ganz loben. „Nicht sind die Leiden erkannt, nicht ist die Liebe gelernt, und was im Tod uns entfernt, ist nicht entschleiert. Einzig das Lied überm Land heiligt und feiert." Dieses Lied überm Land allerdings, das ist für mich dann nicht der Gesang des Orpheus und nicht ein mythisches Bild für Musik, so wichtig ich sie finde.

Das Lied überm Land ist für mich ein Bild zum Beispiel für das Hohe Lied der Liebe. Glaube, Liebe, Hoffnung, diese drei bleiben. Oder auch für einen Text wie das achte Kapitel des Römerbriefes: einer der sprechendsten Texte der Bibel überhaupt und deswegen wird er auch, nicht selten bei Trauerfeiern verwendet. „Ich bin überzeugt, dass die Leiden dieser Zeit nichts bedeuten gegenüber der Herrlichkeit, die an uns offenbart werden soll. Denn die ganze Schöpfung wartet sehnsüchtig darauf, dass die Kinder Gottes offenbar werden. Die Schöpfung ist ja der Vergänglichkeit unterworfen, nicht nach ihrem Willen, sondern durch den, der sie unterworfen hat, jedoch auf Hoffnung. Denn auch die Schöpfung wird frei werden von der Knechtschaft und Vergänglichkeit zur herrlichen Freiheit der Kinder Gottes. Denn wir wissen, dass die ganze Schöpfung bis zu diesem Augenblick gemeinsam seufzt und in Wehen liegt. Aber nicht nur sie, sondern auch wir selbst, die wir den Geist als Erstlingsgabe haben, seufzen in uns selbst und warten auf die Kindschaft, die Erlösung unseres Leidens. Denn wir sind zwar gerettet, doch auf Hoffnung. Die Hoffnung aber, die man sieht, ist nicht Hoffnung. Denn wie kann man auf das hoffen, was man sieht? Wenn wir aber auf das hoffen, was wir nicht sehen, so warten wir darauf in Geduld."

Jetzt überspringe ich ein paar Verse, dann geht es weiter: „Wer will uns scheiden von der Liebe Gottes? Trübsal oder Angst oder Verfolgung oder Hunger oder Entbehrung oder Gefahr oder Schwert? ... Aber in dem allem überwinden wir weit durch den, der uns geliebt hat. Denn ich bin gewiss, dass weder Tod noch Leben, weder Engel noch Mächte, noch Gewalten, noch Gegenwärtiges noch Zukünftiges, we-

der Hohes noch Tiefes, noch irgendein anderes Geschöpf uns scheiden kann von der Liebe Gottes, die in Christus Jesus ist, unserem
Herrn."

Dieses Lied hat Rilke sicherlich nicht gemeint, denn bei einem Streit
darüber, ob es nun atheistisch ist oder nicht, was er schreibt, richtet
er sich, wenn er sich auf Gott und das Göttliche richtet, auf den
Schöpfungsgott. Er hat immer Schwierigkeiten gehabt mit Gott, wie er
sich in Christus zeigt und erst recht mit Kreuz und Auferstehung und
Kreuzestheologie. Aber mein Freund Eric Donald Hirsch gibt mir mit
seiner Theorie das Recht, den Text in der Perspektive zu lesen, was er
mir bedeutet.

Axel Denecke

Lange, mit Geduld

von Pablo Neruda

Pablo Neruda starb im September 1973, wenige Tage nach der Ermordung seines Freundes und Mitkämpfers, Salvatore Allende. Nachdem Allende noch für den 70. Geburtstag Nerudas im Jahre 1974 ein großes – soll ich sagen Fest? – der Befreiung des Volkes angeregt hatte. Neruda starb, der Dichter der Freiheit der Seele und der Freiheit des Volkes, als die Unfreiheit und Unterdrückung unter Pinochet sich Raum brach. In seiner Nobelpreisrede 1971 hat er in unübertrefflich schöner und zugleich prägnanter Form Sinn und Ziel seines Dichtens und seines gesamten Schaffens zum Ausdruck gebracht. Ich erlaube mir, an dieser Stelle aus dieser Rede zu zitieren:

„Wir Dichter fühlen die Verpflichtung, die alten Träume zurückzugewinnen, die in den steinernen Statuen schlummern, in den alten, zerstörten Monumenten, im weiten Schweigen der planetarischen Pampas, der undurchdringlichen Urwälder, der Flüsse, deren Rauschen wie Donner klingt. Randvoll mit Wörtern erfüllen müssen wir einen stummen Kontinent, und uns berauscht die Aufgabe, Fabeln zu erfinden und ihnen Namen zu geben... Die Aufgaben des Dichters bis zu ihren letzten Konsequenzen ausdehnend... begriff ich, dass es meine menschliche Aufgabe war, mich der breiten Masse des organisierten Volkes anzuschließen, mich ihr anzuschließen mit Leib und Seele, mit Leidenschaft und Hoffnung...“

Hier taucht das Motiv der Leidenschaft, der Geduld, des Leidens – pacencia – bereits auf. Leidenschaft und Hoffnung. *Leidenschaft* für die Seele, *Geduld* mit der Seele, Leidenschaft für sein Volk. Geduld mit seinem Volk. – Wir werden noch sehen, dass beides wichtig ist, Geduld und Leidenschaft zusammen gehören, das eine die Kehrseite des anderen ist.

Und weiter heißt es dann am Schluss der Nobelpreis-Rede: „Heute vor genau 100 Jahren schrieb ein armer und glänzender, der grimmigste aller Verzweifelten diese Prophezeiung: ‚A l'aurore, armés d'une ardente patience, nous entrerons aux spendides Villes. – In der Morgenfrühe, gewappnet mit glühender Geduld, werden wir in die strahlenden Städte einziehen.' Ich glaube an diese Verheißung von Rimbaud dem Seher. Ich komme aus einer dunkeln Provinz, aus einem Land, das die schroffe Geographie abgeschnitten hat von allen anderen. Ich war der verlassenste aller Dichter, und meine Dichtung war regional, voller Schmerz und voller Regen. Aber ich hatte immer Vertrauen zum Menschen. Nie habe ich die Hoffnung verloren. Deshalb bin ich vielleicht bis hierher gekommen mit meiner Poesie, und auch mit meiner Fahne.

Zum Schluss muss ich den Menschen guten Willens, den Arbeitern, den Dichtern sagen, dass die ganze Zukunft in diesem Satz von Rimbaud ausgedrückt ist: „nur mit einer glühenden Geduld werden wir die strahlende Stadt erobern, die allen Menschen Licht, Gerechtigkeit und Würde schenkt." Glühende Geduld – aufrechte Geduld – hockende Geduld – zärtliche Liebe zur Poesie – natürliche Liebe zu seiner chilenischen Heimat – kämpferische Liebe zu seinem Volk – alles verbindet sich hier zu einer großen Einheit, gebündelt im Wort „Geduld" – „paciencia" – Pacience – Passion. Geduld, tiefer zu blicken, anderes zu sehen, als das, was alltäglich auf dem Markt angeboten wird.

So viel vorweg – zum Hineindenken in die Welt Pablo Nerudas, eine Welt, die uns, die mir, fern und nah, fremd und vertraut zugleich ist.

Das Gedicht:

„Sinkt jeder Tag - hinab in jeder Nacht, -
so gibt's einen Brunnen, - der drunten die Helligkeit hält. -
Man muss an den Rand - des Brunnendunkels hocken, -
entsunkenes Licht zu angeln - mit Geduld."[1]

---

1. Pablo Neruda, Sinkt jeder Tag, aus: P. N., Das lyrische Werk III, übers. von Monika López und Fritz Vogelsang, Hermann Luchterhand Verlag, Darmstadt und Neuwied 1986

I.

Dieses Gedicht Pablo Nerudas, des großen chilenischen Dichters und Freund Salvatore Allendes, des Freiheitskämpfers, so wie Pablo Neruda selbst ein Freiheitskämpfer war – kämpfte für Freiheit in seinem Land, Freiheit in seiner Seele – dieses Gedicht Pablo Nerudas habe ich zum ersten Mal gehört vor 23 Jahren, anno 1978 in Freiburg i. Br. Bei einem TZI-Seminar, an dem Menschen zusammen gekommen waren, um etwas mehr über sich selbst zu erfahren, in sich hineinzublicken, sich selbst und andere wahrzunehmen. 1978, da war ich 40 Jahre alt, also in der Mitte meines Lebens. Ich habe dieses Gedicht gehört, vorgetragen gehört, dann wurden wir gebeten, über dieses Gedicht jeder für sich nachzudenken, nachzusinnen.

Seitdem begleitet mich dieses Gedicht Pablo Nerudas durch mein weiteres Leben. Alle Jahre wieder, zu besonderen Gelegenheiten, rufe ich es mir in Erinnerung. Es ist für mich zu einem Symbol meines Lebens und Glaubens geworden. Das Gedicht! Es gibt sicher noch viele andere Gedichte, die mich in meinem Leben bewegt haben, vor allem in der Jugend, als ich begann, mit wachen Augen das Leben wahrzunehmen, zu betrachten, zu trinken von dem goldenen Überfluss der Welt.

Ich denke an Hermann Hesse „Seltsam, im Nebel zu wandern...", ich denke an Rainer Maria Rilke „Die Blätter fallen, fallen wie von weit...", ich denke an Matthias Claudius „...siehst du den Mond dort stehen, er ist nur halb zu sehen...", ich denke – nun eher der Prosa zugewandt – an Goethes „Faust", *dem* großen Weltdrama unserer Geistesgeschichte – vor einem Jahr, in Hannover, in Peter Steins Inszenierung gerade noch einmal in total an sechs Abenden wahrgenommen. Ich denke schließlich an all die Theaterstücke von Bertolt Brecht, die ich im Theater am Schiffbauerdamm noch mit Helene Weigel und Eberhard Busch in mich aufgesogen habe, die revolutionären Mut, intellektuelle Klarheit und poetische Schönheit – brennende Geduld und hockende Geduld – zugleich verkörperten. Noch viel mehr fällt mir ein, wie neben den mit Eifer und Eros betriebenen Studien der Theologie und Philosophie die Dichtkunst mich begleitet hat, schön-

geistig, gut und schön zu hören, zuweilen auch wahr, hier und da
verdichtete Philosophie und Theologie, aber doch eben am Ende nur
am Rande. Am Rande meines Weges als Theologe, der nach Gott und
der Welt fragt, diese Fragen für sich zu einer klaren Antwort bringen
will und diese dann auch – in Predigt, Unterricht, Lehre, Seelsorge –
weiterzugeben hat an andere. Das ist mein Auftrag.

II.

Theopoesie also, wenn ich ehrlich bin, stand nur am Rande, muss
nicht sein, kann aber sein und darf auch sein. Doch dann begegnete
mir dieses Gedicht von Pablo Neruda. Ich kannte ihn vorher nur vom
Hörensagen, und er traf mich ins Herz, gab meinem Leben und meiner Art, Theologie zu treiben, eine neue Wende, führte mich auf meine Anfänge zurück. Dieses Gedicht: *Sinkt jeder Tag – hinab in jeder
Nacht...*

Vielleicht, so denke ich jetzt, traf mich dieses Gedicht damals, mit 40
Jahren in der Mitte des Lebens (die Jugend, ach die Jugend, ja sie
neigt sich dem Ende zu, Alter, ja das Alter liegt noch weit voraus,
Mittelalter eben) vielleicht traf mich dies Gedicht gerade zur rechten
Zeit, vielleicht würde ich es heute, mit meinen 62 Jahren, anders
wahrnehmen. Ich weiß es nicht. Es ist ja so, dass Gedichte, verdichtete Worte, Poesie, die uns anspricht jeweils in eine besondere Lebens-
situation hineinspricht, uns trifft oder an uns vorüberzieht.

Oft sind es verschlüsselte Aussagen, die grad mal existentiell durch
die besondere Situation des jeweils Hörenden zu entschlüsseln sind,
oft sind es gebündelte Aussagen, in denen lange Erfahrungen, innere
Erfahrungen sprachlich konzentriert auf den „Punkt" gebracht werden. Man muss es lange betrachten, im Dunkeln, bis es sich lichtet,
so wie auch bei diesem Gedicht. Gedichte können dann gar zu dem
werden, was wir im theologischen Jargon „Dogmen" nennen – gebündelte und verdichtete Lebenserfahrungen. Man muss hinter die Worte
lugen, unter die Worte, um sie zu verstehen, um sie zu entschlüsseln,
im Dunkeln das Licht zu sehen. Wer Ohren hat, der höre, wer Augen
hat, der sehe.

Denn oft stehe ich, ich gestehe es, hilf- und ratlos vor mancher Lyrik, komme mir dumm und einfältig vor, wenn andere hier tiefe Geheimnisse wahrnehmen, die einzelnen Worte, Begriffe, Zeichen entschlüsseln mit ästhetischem Scharfsinn, Rhythmus, Wortwahl, Lautmalereien der Texte betrachten. Mit Paul Celans Gedichten ging es mir so, die ich intuitiv schätze. Ich ahne darin Tiefe, doch oft bleibt es dunkel und nichts lichtet sich. Ja, hier und da blitzt es hell auf, „Der Tod ist ein Meister aus Deutschland" – dies wüsste ich auch ohne Lyrik. Dumm und einfältig komme ich mir vor, wenn ich in Expertenkreisen von Ästhetik und Poesie und verdichteter Sprache höre, wo ich doch schon Schwierigkeiten habe, in Prosa, in der Alltagssprache, das auf der Kanzel zu sagen, was mich unbedingt angeht und mit dem ich meine, dass es auch andere angehen sollte.

Daher also, je länger ich lebe, je länger ich Erfahrungen mache, je länger ich nachdenke, beschleicht mich eine verhaltene Scheu, mich der Poesie zu nähern, mich von ihr beflügeln, ja berauschen, in eine andere Welt tragen zu lassen. Eher als eine zunehmende Skepsis der Poesie gegenüber; Barlachs nüchterne und selbstkritische Worte in meinem Ohr „Die menschliche Sprache, die menschliche Kunst, ist eine elende Krücke. Ich bin Handwerker, ich mache Plastiken, weil ich mit meinen Dramen nicht voll ausdrücken kann, was ich sagen will. Ich schreibe Dramen, weil ich mit meinen Plastiken nicht voll ausdrücken kann, was ich sagen will. Es bleibt alles eine elende Krücke." Ja, und Phantasten wären wir, zu meinen, wir könnten mit Sprache, mit Kunst, mit Poesie, das erfassen, was vor uns liegt, hinter uns liegt, gar was in uns liegt. Goethes berühmtes Wort an sein Gretchen „Nenn´s, Herz, Glück, Liebe, Gott ich habe keinen Namen dafür, Gefühl ist alles, Name ist Schall und Rauch" bestätigt es auch noch mit schönen, ästhetisch wohlgeformten Worten.

Also eine gewisse Skepsis gegenüber aller Poesie, die leichte Mahnung, eher verhalten, bescheiden, zurückhaltend zu sein, euphorische Begeisterung zu meiden, ist mir im Laufe meines Lebens zu eigen geworden. Die Halbwertzeit poetischer Aussagen wird mir immer deutlicher.

III.

Und dann doch dies und gerade dies, und vielleicht eine Antwort darauf, vielleicht ein Fingerzeig, wie ich mit Sprache, mit Worten, Wahrheitssuche, umzugehen habe, Pablo Neruda, nun zum dritten, noch vor jeder Auslegung:

Sinkt jeder Tag - hinab in jeder Nacht...

Sie merken, ich habe eine Scheu, dies Gedicht zu interpretieren. Ich habe es bisher im Geiste umkreist, ohne mich herangewagt zu haben. Vielleicht hätte ich vor 23 Jahren, als mir dieses Gedicht begegnete, auch sehr viel unbefangener, direkter, zupackender eine Auslegung gewagt. Und ob dies Gedicht überhaupt ausgelegt werden will, was bei Pablo Neruda alles mitspielte, als er von der Geduld, der langen Geduld der „paciencia", wie es im Spanischen heißt, Geduld - Leiden - Leidenschaft, alles in eins, gesprochen hat, ich weiß es nicht. Und ich will es auch nicht wissen. Ich will nicht Pablo Neruda gerecht werden, welche Assoziationen er mit seinem Gedicht in seiner damaligen Situation zwischen seiner Einsamkeit am Meer, in seinem Haus und seinem Widerstand in den bewegten revolutionären Zeiten des damaligen Chile hatte und gemeint hat.

Losgelöst davon begegnete mir dieses Gedicht und begleitet mich nun in meinem Leben. Ich bin kein Philologe, kein Germanist, kein Sprachforscher, kein Semantiker, ich kann mich hier nicht mit fremden Federn schmücken, das sei anderen vorbehalten. Ich kann und will jetzt also nur davon erzählen, wie in meiner Situation dies Gedicht zum Leitfaden meines Theologietreibens, meines öffentlichen Lebens in der Verkündigung in den letzten Jahrzehnten geworden ist.

VI.

Also keine Interpretation dieses Gedichtes, sondern mein Lebensweg mit diesem Gedicht sei Ihnen jetzt – mit Zurückhaltung, mit Scheu und auch mit Furcht, vielleicht gar zu sehr von einem Geheimnis zu sprechen – mitgeteilt. Also:

1.

„Sinkt jeder Tag - hinab in jeder Nacht, - so gibt's einen Brunnen, - der drunten die Helligkeit hält."

Tag und Nacht, Licht und Dunkel, Klarheit und Finsternis bestimmen unser Leben. Natürlich, wir wollen Klarheit, wir wollen den hellen Tag, wir wollen Licht in unser Leben bringen. Die Worte, die wir machen, in der Predigt, in Gedichten, in der Philosophie, im alltäglichen Reden, haben das Ziel, die Sache, die wir meinen, ans Licht zu bringen, ans Licht zu kommen. „Licht, mehr Licht", sollen Goethes letzte Worte gewesen sein, Symbol seines Lebens. Licht. Doch: Zu unserem Leben gehört auch die Nacht, unabänderlich. All das, was uns Licht war, Licht zu sein schien, versinkt irgendwann wieder im tiefen Dunkel der Nacht. Wir können es nicht ändern, es ist so.

Jeder Tag sinkt hinab in jeder Nacht. Da sind unsere Träume, wo wir den Tag verarbeiten, Albträume, Wunschträume, Tagträume, Träume wie Schäume, Träume, in denen wir das vorwegnehmen, was noch nicht ist, noch unentwirrt, dunkel, verschlossen, verborgen, auch verwirrt, all das, was wir am Tag erleben, erlebt haben, sinkt hinab in jeder Nacht ins tiefe Dunkel.

Und: *Da gibt's einen Brunnen, der die Helligkeit hält.*

Der Brunnen. Welch archaisches Symbol! Brunnen, der Ort der Begegnung, wo ich zum Wahren komme, zum Wahren finde. Die vielen Begegnungen am Brunnen: Jesus und die Frau von Samarien, die am Brunnen das Wasser des Lebens findet – Joseph, der von seinen Brüdern in den Brunnen gestoßen wird und aus dem Dunkel des Brunnens befreit wird, als er sich lichtet – Die Brautwerbung für Isaac am Brunnen, so wird Rebecca gefunden, seine Liebste. Wichtige Begegnungen finden statt am Brunnen. Und wenn man gar bereit ist, in das dunkle Dunkel, die tiefe Tiefe des Brunnens zu blicken, tief hinab, ob sich da etwas lichtet? Im deutschen Märchen muss man gar voll Mut und Todesangst hineinspringen, in einen dunklen Brunnen, in das Dunkle, in die Nacht, um zum Leben zu kommen. Goldmarie, Pechmarie – Frau Holle – in einer anderen Welt, in einer jenseitigen, tieferen, in einer höheren Welt, die Begriffe verwickeln sich, all dies geschieht am Brunnen und im Brunnen.

2.

So gibt´s einen Brunnen, der drunten die Helligkeit hält. All die vielen verwirrenden Erfahrungen, das Helle, manchmal auch das Grelle, all diese Tageserfahrungen, die vielen, die wir machen, die ich mache, alles was ich gelesen, gehört, geschaut habe, all mein Theologiestudium, all mein Gedichte-Lesen, all meine guten und schlechten Taten, alles, was gelungen ist und weniger gelungen, all dies, unsere Tageserfahrungen, alltäglich und oft allzu alltäglich, der ganze Tag unseres Lebens fällt hinein in das dunkle Dunkel des Brunnens. Und dort wird es gehalten, aufbewahrt, dass es sich lichtet, einst, dann wenn Zeit ist.

3.

Man muss an den Rand des Brunnendunkels hocken. Am Rand des Brunnendunkels, nicht hineinsteigen, sich nicht hineinfallen lassen, auch nicht hineingestoßen werden. Am Rand des Brunnens hocken. Allein, zu zweit, in Gesellschaft? Ich denke, allein, jeder für sich. Jeder muss da seinen eigenen Platz finden, am Brunnen.

Ins Dunkel zu blicken, ist nicht nur angenehm, nein es kann Angst machen, ich sehe nichts, ich sehe noch nichts. Was bisher galt, gilt nicht mehr. All das, was mir am Tage klar und sicher erschien, ist nicht mehr. Nur Dunkel, und von fern kommt mir das Sinngedicht des Walter von der Vogelweide in den Sinn: „Ich saß auf einem Steine und dachte Bein und Beine, da... setzt ich den Ellenbogen...“ Am Brunnenrand hocken, die Arme verschränkt und warten und blicken, nein schauen.

Rückzug an den Brunnen. Nehme ich mir Zeit dafür? Nehmen wir uns Zeit dafür? Oder sind die Alltagsgeschäfte so stark, dass dazu kein Ort, keine Zeit, kein Raum in der Herberge ist. Die Helligkeit wird gehalten im Brunnen. Die Helligkeit des Tages, das, was einst für mich klar und richtig war und jetzt wankend zu sein scheint, wo ich nicht mehr weiter weiß, wo der Zweifel nagt. Die Helligkeit wird gehalten, doch ich sehe nichts, es ist nur dunkel. Wo ist da Helligkeit im Brunnen? Sollte die Nacht wahr sein, dass Dunkel? Alles was mir hell schien nur Bild, Einbildung? Nun wird es Licht. Inneres Licht. Nicht all dies äußere Wissen, die äußeren Worte, die ich angehäuft habe, bei mir und bei anderen.

4.

Man muss an den Rand des Brunnendunkels hocken, entsunkenes Licht zu angeln mit Geduld. Wer lange, lange mit Geduld ins Dunkle blickt, der merkt und erfährt, es kann sich lichten. Vorerst nur unscharfe Konturen, hier und da ein Streifen, doch dann wird es Licht, langsam, ganz langsam. Von glühender Geduld hat Pablo Neruda auch gesprochen, im Kampf um sozialistische Befreiung in Chile. „Glühende Geduld". Von aufrechter Geduld ist in einem Gedicht über Befreiungskämpfer in Afrika die Rede gewesen. Mit gradem Blick geduldig mein Ziel verfolgen.

Von hockender Geduld „Ich saß auf einem Steine und dachte Bein an Beine..." – also hier: passiv, nachsinnend, nach innen gewandt, Rückreise, Regression, Abschied von allem, in sich hineinblicken, in den Brunnen blicken, in den dunklen, dunklen Brunnen, lange, sehr lange, eine lange Weile, und immer noch ist es dunkel, ist es Nacht. Es lichtet sich nichts, keine Lichtung da, und ich hocke, in mich gekrümmt, ganz in mich zusammengezogen, nicht aufrecht, nicht brennend, sondern in mich verschränkt. Die Glieder können mir absterben dabei, ich scheine selbst nicht mehr recht zu leben, ...Geduld am Rand des Brunnens. Geduld – und das muss ich an dieser Stelle nun doch noch in spanischer Sprache, in der Pablo Neruda schrieb, uns in Erinnerung rufen: Geduld heißt paciencia. Pacience - Passion. Geduld, Leiden, Leidenschaft. Geduldig am Brunnenrand hocken – die innere Leidenschaft – am Brunnenrand hocken und dabei auch leiden, leiden, weil es noch dunkel ist, noch nicht hell.

5.

Für mich ist es sehr schwierig, so geduldig zu sein. Allzu oft springe ich auf und will etwas tun, etwas arbeiten, etwas in die Hand nehmen, etwas formen, bilden, Worte formen, Predigten machen, mit anderen Menschen reden, lehren lassen, andere belehren, Wahrheit erkennen, die Wahrheit weitersagen, Leben gestalten, Leben verändern, die Welt verändern, „Nicht Nacht, Tag, Tag soll es sein." Eine falsche Leidenschaft des schnellen, des allzu schnellen Handelns, und ich will hier gar keine Gesellschaftskritik üben an unserer multimedialen Medienkultur, unserer Erlebnisgesellschaft, den so schnell austauschbaren Normen, Werte, Gedanken, die Beliebigkeit der Handlungen, das „Anything goes" – andere haben schon genügend daran herumkritisiert. Ich beziehe es auf mich selbst. Ich lasse Ihnen die Freiheit, es auf sich zu beziehen oder auch nicht. Freie Menschen sind Sie, frei zu hören und zu fühlen, anzunehmen, es beliebig sein zu lassen. Ich beziehe es auf mich. Am Brunnenrand hocken und hocken und ins Dunkle blicken. Denn es ist noch dunkel, es bleibt noch dunkel. Immer noch Nacht. Lange, lange. Ja, es kann schon eine Passion sein, leidenschaftlich leidend, so ins Dunkel zu blicken, es auszuhalten in sich.

6.

Um dann doch zu entdecken: Tatsächlich, ich glaubte es kaum, ich wagte es kaum noch zu hoffen, es lichtet sich. Die Nacht enteilt. Morgenröte!! „Entsunkenes Licht zu angeln...", Ja, ich kann das Licht des vergangenen Tages, der vergangenen Zeit, meiner Kindheit gar, meiner ersten Ursprünge, ich kann es angeln, zu Tage fördern. Lange war es gehalten im Brunnendunkel; denn ich habe nicht richtig hingeschaut. Habe nicht lange genug hingeschaut, ich bin zu eilfertig aufgesprungen vom Brunnenrand. Doch jetzt, ja, das sind die Ursprünge, von denen ich herkomme. Längst vergessen, längst verdrängt, längst beiseite geschoben, längst für kindisch, unwichtig erachtet, bei all der Fülle an Wissen, das ich im Laufe der Zeit habe anhäufen müssen und auch schnell weitergegeben habe. Doch da sind die Ursprünge, meine Anfänge, im Morgengrauen, in der Morgenröte. Jakob soll in der Morgenröte, nachdem er mit einem gottähnlichen Flussgeist gerungen hatte, gesagt haben: „Ich lasse dich nicht, du segnest mich denn", in der Morgenröte, am Übergang der Nacht zum Tage. Mag sein, dass das etwas anderes ist, mag sein, dass hier anderes mitschwingt, doch der Übergang von der Nacht zum Tag, der ist auch hier gegeben. Und gelitten hat Jakob auch, und mit Leidenschaft war er auch dabei, und geduldig ist er auch gewesen, ehe er zurückkam zu seinen Anfängen, wie er den Fluss überschritten hat. Sicherlich war da auch in der Nähe – wir erfahren nur nichts davon – ein Brunnen. Ja, es gibt so viel entsunkenes Licht in meinem Leben, in unserem Leben. Es wird gehalten und geborgen im Dunkel der Nacht. Und wenn wir geduldig am Brunnenrad warten und hocken und sinnen und blicken, brennend in aktiver Geduld, aufmerksam, innerlich wach, hellhörig, hellsichtig, unser ganzes Leben nach hinten in den Blick nehmend, es beschauend, so weit zurückgehend, so weit, wie es nur geht, vielleicht gar, wenn es noch möglich ist, mit unseren Eltern, Vater und Mutter, sprechen, wie es denn war am Anfang mit uns. Und auch wenn wir das äußerlich nicht mehr können, wenn Vater und Mutter nicht mehr unter uns sind, so können wir es doch innerlich immer wieder und immer noch, mit ihnen im Gespräch, mit uns im Gespräch, zurückblickend in das Dunkel unserer Anfänge. Dann kann es sich lichten, und unser Leben bekommet Gestalt, Kontur, Schönheit.

V.

In der Mitte meines arbeitsreichen aktiven Lebens habe ich dieses Gedicht in einem Kreis von Gleichgesinnten zum ersten Mal gehört, vorgetragen von einem alten Mann, der Weisheit, Lebensklugheit, vielleicht auch mystische Tiefe ausstrahlte, und es mag sein, dass sein Vortrag, die Art, wie er dieses Gedicht vortrug, mich mit bewegt hat. Er hat es nicht interpretiert, er hat es vorgetragen, zweimal, und er hat es dann in uns arbeiten lassen. Ich habe es jetzt, weil es meine Aufgabe war, mit meinen Worten umkreist. Zunächst zögerlich, im allgemeinen bleibend, dann doch, wie ich merkte, sehr direkt. Ich habe von mir gesprochen. Ich habe davon gesprochen, was das Gedicht mir bedeutet, wie es mich begleitet, wie es mich immer wieder an meine Anfänge erinnert, wie es für mich die Hoffnung ausstrahlt, dass mein Leben – und ich darf sagen: unser aller Leben – getragen ist von einem Licht, das nicht unser eigen ist, dass wir jeweils neu finden, neu suchen müssen. Geduldig, suchend, fragend, wartend, hoffend! Und es mag auch sein, dass mein Leben und meine Art, meinen Glauben zu leben, Theologie zu treiben, zu predigen, von Gott und von den Menschen zu reden, in den letzten 25 Jahren sich dadurch verändert hat. Nicht immer, noch nicht zureichend genug, allzu oft bin ich rastlos tätig, sinnlos tätig, springe ich auf vom Brunnen, hier und da etwas äußerlich bewirkend, aber immer wieder kehre ich dann doch zu meinem Brunnen zurück und blicke in das Dunkel, in mein Dunkel, in das Dunkel der Welt um mich herum, auch in die mir oft noch dunkle Bibel, betrachte sie so lange, bis sie sich lichtet. Ich lese einen Text, der mir schon längst vertraut ist, viel zu vertraut ist, weil ich ihn schon so genau kenne, dass er mir gar nichts mehr sagt, auf einmal neu. Wende die Worte der Bibel, wie es im Psalm 1 heißt, hin und her, versuche sie neu zu bewegen, versuche sie zu kauen, zu schmecken, zu fühlen, damit ich sie verdauen kann. Dunkle Worte, „Dogmen", wie z.B. das, was mit der Chiffre „Jungfrauengeburt" in unserem Glaubensbekenntnis ausgedrückt ist, werden auf einmal hell, erhalten einen neuen Glanz, es lichtet sich. Und jeder Glaube, wenn er denn Glaube ist, ist jungfräulich. Jedes Licht, das auch dem Dunkel entborgen wird, ist jungfräulich neu, wie am ersten Tag.

Dieses Gedicht von Pablo Neruda beschreibt mein Leben, beschreibt meinen Weg des Lebens in der zweiten Hälfte, in mein Alter hinein. Es sind nicht nur schöne Worte, wohlgeformt, ästhetisch zu genießen, sondern es sind für mich wahre Worte, gut zu hören und zu leben. Es sind Worte, die mich begleiten auf meinem weiteren Lebensweg. Wohin? Ins Dunkle? Ins Helle! Doch da ist ein Brunnen, jeden Tag neu, der mich einlädt, mich auf seinen Rand zu setzen, hinzuhocken und hineinzublicken im Vertrauen darauf: Nein, es bleibt nicht dunkel, die Tiefe des Brunnens, die Helligkeit des Tages, auch meines Lebenstages ist gehalten, es geht nicht verloren, es wird aufbewahrt, auf dass ich es neu entdecke, immer wieder neu, jeden Tag neu.

Wenn ich dann einst – um zum Abschluss auch dies noch zu sagen – am Ende durch den tiefen Brunnen hindurch muss, ganz durchs Dunkle, durch den engen Brunnen hindurch, nach unseren menschlichen Maßstäben endgültig – Abschied, den lichten Tag des Lebens verlassend – dann, ja dann werde ich einziehen in das Licht, das im Dunkel des Brunnens jetzt schon für mich bewahrt und gehalten ist. Randständige Gedanken, noch keine Erfahrungen sind dies. Doch auch dazu lädt mich Pablo Neruda (War er eigentlich ein Christ? Und ist das so wichtig?) ein. Sie verstehen, Theopoesie ist das für mich. Nicht leicht dahingesagt – „Nenn´s Herz, Glück, Liebe, Gott – ich habe keinen Namen dafür, Gefühl ist alles, Name Schall und Rauch" – sondern sehr präzis für mich geortet. Keine resignative, gar skeptische Lebensweisheit – „ach, alles eitel, alles schon einmal dagewesen" – „ach, wir werden doch nicht den lichten Tag erblicken" – sondern die Weisheit, die davon spricht, dass tief in mir, in meinem Brunnen, tief in der Welt, in der ich lebe, in den vielen Brunnen, die es da gibt, ein Licht aufbewahrt ist, auf dass ich es entdecke und wenn ich es entdeckt habe, auch anderen zeigen kann, vorsichtig, ohne mich aufzudrängen – pausbäckig im Bekennerstil – sondern auch hier mit hockender Geduld. Also die Weisheit eines gelungenen Lebens. Daher für mich, für Sie, für uns zum Abschluss noch einmal Pablo Neruda:

„Sinkt jeder Tag - hinab in jeder Nacht, - so gibt´s einen Brunnen, - der drunten die Helligkeit hält. -Man muss an den Rand - des Brunnendunkels hocken, - entsunkenes Licht zu angeln - mit Geduld."

Wilfried Kruse

Der Mond ist aufgegangen

von Matthias Claudius

A Vorbemerkungen

1. Vorbemerkung:

Ich bin kein literarischer Typ. Ich habe zwar viele Gedichte gelesen in meinem Leben. Bevorzugt habe ich mich an Balladen herangemacht, weil die mich unwahrscheinlich gefesselt haben. „John Mynard" und „Archibald Douglas", beide von Fontane. Oder: „Die Uhr" – letztere ist mir besonders nahe gekommen über die Vertonung von Carl Löwe. Diese Beschreibung von vergehender Lebenszeit mit Hilfe der Chiffre „Uhr", gleichzeitig aber die „Uhr" in die Hand des Meisters zurückzugeben, wenn denn die Zeit dazu da ist – das fand und finde einfach ansprechend und wahr in der Aussage.

Aber nun ist nach meinem Lieblingsgedicht gefragt. Und da wusste ich nicht einzuschätzen, ob mein Lieblingsgedicht – nämlich das Lied von Matthias Claudius „Der Mond ist aufgegangen" – überhaupt dem Niveau entspricht, das im Allgemeinen eine Evangelische Akademie auszeichnet, das sie darum auch einfordert. Schließlich kennen sehr viele Menschen in unserem Land dieses Lied. Es ist ein volkstümliches Gedicht, das intellektuell nicht besonders anspruchsvoll scheint.

2. Vorbemerkung:

Von einem Lieblingsgedicht lässt sich nicht erzählen, ohne von sich selbst zu erzählen. Die Tatsache, dass mein Lieblingsgedicht ein Choral ist, ein Kirchenlied, hängt mit meiner Biographie zusammen. Ich bin im Raum der Kirche aufgewachsen, in einem evangelischen Pfarrhaus, wie man es sich so vorstellt: viele Kinder, immer offene Tür, viele Gäste, auch manch schmuddelige. Ich bin sozusagen „gottesdienst- und kirchenerprobt". Von daher sage ich heute:

Choräle haben meinen Glauben geprägt, und zwar die schlichte, im guten Sinne einfache Seite des Glaubens. Strophen aus dem Choral: „Der Mond ist aufgegangen" wurden bei uns zu Hause abends vor dem Einschlafen gesungen, auch die bekannte Choralstrophe: „Breit' aus die Flügel beide, o Jesu, meine Freude" aus dem Choral: „Nun ruhen alle Wälder" von Paul Gerhard gehörte bei uns zum abendlichen Repertoire. Nicht zuletzt dieses Ritual des Singens und Betens am Abend vor dem Einschlafen hat bei mir jedenfalls dazu geführt, mich letztlich in dieser Welt behütet und beschützt zu wissen, eben in Gottes guten Händen. Diese Gewissheit strahlen Choräle aus. Das prägt. Das ist eines der Besonderheiten in der evangelischen Kirche: der Umgang mit dem Kirchenlied, mit dem Choral als glaubensprägender Größe.

3.   Vorbemerkung

Ich möchte einige kurze Bemerkungen zum Lebenslauf von Matthias Claudius machen:

Er wurde 1740 als Sohn eines Pfarrers in Reinfeld geboren. Schulische Bildung genoss er zunächst zu Hause durch den Vater, dann weiterführender im bekannten Internat Schulpforta in Thüringen. Mit seinem Lieblingsbruder Josias zusammen studierte er anschließend Theologie in Jena, wobei sich Matthias sehr bald anderen Fächern zuwandte wie Rechtswissenschaften und Philosophie. In Jena erkrankten beide Brüder nacheinander an Pocken. Matthias überlebte, der Bruder musste sterben. Das hat den Überlebenden sehr erschüttert. Tapfer und hingebungsvoll hatte er seinen Bruder bis zum Tod gepflegt – in Jena, fern von zu Hause.

Der Nekrolog, den er vor der akademischen Trauerversammlung, mit dem „Magnificus Academiae Exrector" an der Spitze, hielt, wurde die erste Veröffentlichung von Matthias Claudius. Titel der Rede: „Ob und wieweit Gott den Tod der Menschen bestimme, bei der Gruft seines geliebten Bruders Herrn Josias Claudius, der Gottesgelahrtheit rühmlichst Beflissenen, welcher zu Jena den 19ten des Wintermonats 1760 selig verschied, von M. Claudius, der Teutschen Gesellschaft zu Jena ordentlichem Mitgliede."

1762 brach Matthias Claudius sein Studium in Jena ab und kehrte in das elterliche Pfarrhaus zurück, ohne irgendeinen Abschluss gemacht zu haben. Dort lebte er – bereits 22 Jahre alt – zurückgezogen. Er versuchte, literarisch tätig zu werden. Aber offenbar war Matthias Claudius ein Spätentwickler, der erst spät zu dem fand, was man Bestimmung seines Lebens nennen konnte. Sein erstes Buch – 1763 unter dem Titel „Tändeleien und Erzählungen" herausgekommen – bekam eine vernichtende Kritik. Es dauerte, bis Claudius das alles verarbeitet hatte. Schließlich ging er für anderthalb Jahre nach Kopenhagen als Sekretär bei dem Grafen Holstein.

1768 kommt Claudius als Redakteur nach Hamburg, läuft Klopstock über den Weg, findet Kontakt zu Herder und Lessing und zu allerlei anderen Geistesgrößen seiner Zeit. Schließlich bekommt er in Wandsbek eine neue Aufgabe. Er wurde Redakteur des neugegründeten „Wandsbecker Bothen". Diese Aufgabe sowie die ganze Zeit in Wandsbek ließen Claudius zum Literaten und Schriftsteller reifen. Wandsbek bestand damals aus ca. 100 Häusern mit großen Gärten, einer Kirche, einem recht ansehnlichen Schloss und einem kleinen Lokalblättchen, dem „Wandsbekischen Merkur". Daraus wird dann 1770/71 der „Wandsbecker Bothe."

In Wandsbek lernte Claudius seine spätere Frau Rebecca kennen. Der 32-jährige Claudius heiratete 1773 die 16 Jahre alte Rebecca Behn. Beide führten eine ausgesprochen glückliche Ehe trotz kärglicher materieller Umstände. Sie konnten gemeinsam alt werden, damals durchaus noch keine Selbstverständlichkeit. Zwölf Kinder wurden dem Ehepaar geboren, drei verstarben. Besonders der Tod des zweijährigen Sohnes Matthias 1788 und der einundzwanzigjährigen Tochter Christiane 1796 hat den Eltern schwer zugesetzt. Ergreifend das Gedicht, das die Überschrift „Christiane" trägt:

Es stand ein Sternlein am Himmel
Ein Sternlein guter Art;
Das tät´ so lieblich scheinen,
So lieblich und so zart!

Ich wußte seine Stelle
Am Himmel, wo es stand;
Trat abends vor die Schwelle
Und suchte, bis ich´s fand;

Und blieb denn lange stehen,
Hatt' große Freud' in mir,
Das Sternlein anzusehen;
Und dankte Gott dafür.

Das Sternlein ist verschwunden;
Ich suche hin und her,
Wo ich es sonst gefunden,
Und find' es nun nicht mehr.

Der „Wandsbecker Bothe" musste nach wenigen Jahren sein Erscheinen einstellen. Für Matthias Claudius und seine Familie brachen bittere Zeiten an. Ein kurzes Zwischenspiel in Darmstadt gab die Möglichkeit zum finanziellen Durchatmen. Das Heimweh aber trieb sie alle nach Wandsbek zurück. Claudius verdiente seinen Lebensunterhalt fortan mehr schlecht als recht als Schriftsteller und Hauslehrer. Jetzt mutierte Claudius sozusagen zum „Wandsbecker Bothen". Das war er nun selber. Er veröffentlichte nach und nach alle bisher im „Wandsbecker Bothen" erschienenen Artikel, Literaturkritiken, Briefe und Gedichte, schrieb viele neue. In acht Bänden hat er sie alle im Laufe der Jahre herausgegeben. Überschrift: „Asmus omnia sua secum portans oder Sämtliche Werke des Wandsbecker Bothen" – und das war inzwischen Matthias Claudius geworden. Asmus nannte er sich gerne selber. Das war sozusagen sein Pseudonym. Asmus omnia sua secum portans - Asmus, alles Seine mit sich tragend.

In den letzten Jahren konnten Matthias Claudius und seine Frau in etwas materiell abgesicherteren Verhältnissen leben. Ab 1785 bezog Claudius eine Jahrespension des dänischen Kronprinzen und späteren Königs Friedrich VI. in Höhe von 800 Talern für eine Revisorentätigkeit in der Altonaer Species-Bank. 1815 stirbt Matthias Claudius im Hause seines Schwiegersohnes und Verlegers Perthes. Er wurde 74 Jahre alt. Seiner Tochter Auguste, der Ehefrau von Perthes, schrieb

Claudius wenige Wochen vorher in ihre Bibel: „*Es ist in keinem anderen Heil, ist auch kein anderer Name gegeben, darin wir sollen selig werden, als in dem Namen Jesu Christi. - Halte Du fest an ihm in Freude und Leid und es kann Dir nicht fehlen. Ich gehe natürlich voran und erwarte Dich, liebe Augusta, wenn Deine Stunde geschlagen hat, und will, wenn ich kann, Dir entgegenkommen. Dein treuer Vater Matthias Claudius.*" Matthias Claudius und seine Frau liegen in Wandsbek begraben, hinter der Christus-Kirche, neben der Tochter Christiane.

Claudius war sein Leben lang ein freischaffender Schriftsteller, fast sein ganzes Leben lang auf Zuwendungen von Freunden und Gönnern angewiesen. Die Schlichtheit seines Glaubens ist ihm über seinem Leben nicht verloren gegangen. Einen Einblick in sein Lebens- und Glaubensverständnis mag folgendes Gedicht geben:

> *Ich danke Gott und freue mich*
> *Wie´s Kind zur Weihnachtsgabe,*
> *Dass ich bin, bin! und dass ich Dich,*
> *Schön menschlich Antlitz, habe;*
> *Dass ich die Sonne, Berg und Meer*
> *Und Laub und Gras kann sehen*
> *Und abends unterm Sternenheer*
> *Und lieben Monde gehen;*

> *Und dass mir dann zumute ist,*
> *Als wenn wir Kinder kamen*
> *Und sahen, was der heil´ge Christ*
> *Bescheret hatte. Amen!*

> *Ich danke Gott mit Saitenspiel,*
> *Dass ich kein König worden;*
> *Ich wär´ geschmeichelt worden viel*
> *Und wär vielleicht verdorben.*

> *Auch bet´ ich ihn von Herzen an,*
> *Dass ich auf dieser Erde*
> *Nicht bin ein großer reicher Mann*
> *Und auch wohl keiner werde.*

Denn Ehr´ und Reichtum treibt und bläht,
Hat mancherlei Gefahren,
Und vielen hat´s das Herz verdreht,
Die weiland wacker waren.

Und all das Geld und all das Gut
Gewährt zwar viele Sachen;
Gesundheit, Schlaf und guten Mut
Kann´s aber doch nicht machen.

Und die sind doch, bei Ja und Nein!
Ein rechter Lohn und Segen!
Drum will ich mich nicht groß kastei'n
Des vielen Geldes wegen.

Gott gebe mir nur jeden Tag
Soviel ich darf zum Leben.
Er gibt´s dem Sperling auf dem Dach:
Wie sollt er´s mir nicht geben!

Das nur als Beispiel dafür, dass sich das Abendlied: „Der Mond ist aufgegangen" genau in dieser Glaubens- und Lebenstradition bewegt, also nichts Singuläres darstellt.

B   Hauptteil - Das Lied: „Der Mond ist aufgegangen"

Was mich unmittelbar anspricht, ist – wie schon erwähnt – diese schlichte Frömmigkeit, die gleichzeitig so überlegt und durchdacht, also nicht „einfach" im Sinne von „simpel", sondern „einfach" im Sinne von „lebenserfahren" ist. Für mich zeigt sich in diesem Lied eine der Grundformeln jeglicher Hermeneutik, nämlich: nur, was ich wirklich verstanden habe, kann ich so aussagen, dass es verstanden werden kann. Oder anders gesagt: je einfacher ich einen komplizierten Sachverhalt aussagen kann, um so besser habe ich ihn verstanden und verinnerlicht.

Das gilt ganz sicher für den christlichen Glauben, dort in besonderer Weise für die Predigt, für die Verkündigung. Das gilt aber mindestens genau so für die Erziehung von Kindern. Und da kann ein solcher Choral unschätzbare Dienste leisten. Die Sprache des Glaubens kann nicht einfach genug sein – ohne dabei je simpel sein zu dürfen. Oder noch anders gesagt: existentielles Erfahren und „Verdauen" macht erst existentielles Reden und Verhalten möglich, das oftmals beredter ist als Worte. Eben diesem Sachverhalt begegne ich in dem Lied: „Der Mond ist aufgegangen." Darum ist dieses Lied so anziehend und bedeutsam für mich.

Um einen Eindruck zu vermitteln, dass dieses einfache und – im positiven Sinne gemeint – schlichte Lied nicht einfach eben so hingeschrieben worden ist, versuche ich jetzt in aller gebotenen Kürze, Hintergründe und Anklänge darzustellen, die in diesem Lied und seinen einzelnen Strophen auftauchen.

Bis in teilweise wörtliche Übernahme hinein atmet dieses Lied den Geist Paul Gerhardts. Dessen Choral: „Nun ruhen alle Wälder, Vieh, Menschen, Städt´ und Felder, es ruht die ganze Welt" hat sozusagen Pate gestanden bei dem Lied: „Der Mond ist aufgegangen". Das hat seinen guten, durchaus bekennerhaften Grund, den ich gleich noch etwas genauer benennen will. Jetzt erst einmal der unmittelbare Vergleich beider Choräle:

In Paul Gerhardt´s Choral beginnt die dritte Strophe folgendermaßen: „Der Tag ist nun vergangen, die güldnen Sternlein prangen am blauen Himmelssaal." Das kommt uns bekannt vor, natürlich. Claudius beginnt nämlich sein Abendlied so:

> *Der Mond ist aufgegangen,*
> *die goldnen Sternlein prangen*
> *am Himmel hell und klar.*
> *Der Wald steht schwarz und schweiget,*
> *und aus den Wiesen steiget*
> *der weiße Nebel wunderbar.*

Das klingt wie abgeschrieben, ist es vielleicht auch, aber wenn – dann sehr bewusst. Claudius bringt hier nicht einfach ein Plagiat, weil ihm Besseres nicht eingefallen wäre. Er sucht diese sofort erkennbare Nähe zu Paul Gerhardt ganz bewusst, gibt damit zu erkennen, wie sehr er in dessen Wirkungskreis gehören will. Es wird hier etwas deutlich von der geistlichen Prägung, die Matthias Claudius in seinem Elternhaus erfahren hat. Die hatte sich offenbar auch aus Liedern von Paul Gerhardt gespeist. Dessen Gottesglaube ist umfassend, umfasst Mensch und Natur. Ich erinnere nur an den Choral: „Geh aus, mein Herz, und suche Freud in dieser schönen Sommerzeit." Die Schöpfung, zu der der Mensch gehört, ja, um dessentwillen sie überhaupt von Gott ins Werk gesetzt worden ist, ist Ort der Anwesenheit und Erweis der Freundlichkeit Gottes.

Sie stützt das Grundvertrauen in Gott, das Claudius sein ganzes Leben lang getragen und erfüllt hat. Das ist auch der Grund für die friedvolle Stimmung, die von dieser Strophe ausgeht. Manchmal kommt uns diese Choralstrophe in den Sinn, etwa dann, wenn wir abends spazieren gehen und genau das sehen, was Claudius so eindrucksvoll beschreibt: wie aus Wiesen der weiße Nebel aufsteigt vor einem dunklen Wald – und ich jedenfalls habe dann keine Angstgefühle, sondern erlebe für einen Augenblick etwas von der Geborgenheit und inneren Übereinstimmung zwischen mir und der Welt, die in sich gleichzeitig so viel unverstehbar Schweres bereithält.

Diese Nähe zu Paul Gerhardts Choral: „Nun ruhen alle Wälder" zeigt sich auch in der zweiten Strophe. Dort stößt Claudius auf dieselbe biblische Mitte zu wie Paul Gerhard in seinem bereits erwähnten Choral:

> *Wie ist die Welt so stille*
> *und in der Dämm´rung Hülle*
> *so traulich und so hold*
> *als eine stille Kammer,*
> *wo ihr des Tages Jammer*
> *verschlafen und vergessen sollt.*

Dahinter steht bei Paul Gerhardt, aber auch bei Matthias Claudius ein Wort aus dem Propheten Jesaja, Kapitel 14, Vers 7: „Nun hat Ruhe und Frieden alle Welt und jubelt fröhlich." Diese Aussage spiegelt Claudius sozusagen zurück: „Wie ist die Welt so stille und in der Dämm´rung Hülle so traulich und so hold."

Darüber können die bösen und schrecklichen Elemente, die in dieser Welt sind, nicht ausgeblendet werden. Ein Hinweis darauf, dass das bei Claudius nicht der Fall war, ist der Zusammenhang, in dem er sein Abendlied publiziert. Es erschien 1779 im „Vossischen Almanach", zusammen mit dem „Kriegslied".

> *,s ist Krieg! ,s ist Krieg! o Gottes Engel wehre*
> *Und rede Du darein!*
> *,s ist leider Krieg - und ich begehre*
> *Nicht schuld daran zu sein!*
>
> *Was sollt´ ich machen, wenn im Schlaf mit Grämen*
> *Und blutig, bleich und blaß*
> *Die Geister der Erschlagnen zu mir kämen*
> *Und vor mir weinten, was?*
>
> *Wenn wackre Männer, die sich Ehre suchten,*
> *Verstümmelt und halb tot*
> *Im Staub sich vor mir wälzten und mir fluchten*
> *In ihrer Todesnot?*

Wenn tausend Väter, Mütter, Bräute,
So glücklich vor dem Krieg,
Nun alle elend, alle arme Leute,
Wehklagten über mich?

Wenn Hunger, böse Seuch´ und ihre Nöten
Freund, Freund und Feind ins Grab
Versammleten, und mir zu Ehren krähten
Von einer Leich´ herab?

Was hülf mir Kron´ und Land und Gold und Ehre?
Die könnten mich nicht freu´n!
,s ist leider Krieg - und ich begehre
Nicht schuld daran zu sein!

Das ist Wirklichkeit, die von Claudius nicht verdrängt wird; aber das, was er in seinem Abendlied schreibt, darf genau so wenig verdrängt werden, gehört genau so zu der Wirklichkeit dieser Welt wie das andere, das Schreckliche auch. Beide Wirklichkeiten stehen hart nebeneinander, sind nicht miteinander zu vermischen oder gegeneinander auszuspielen.

Zurück zu dem Lied: „Der Mond ist aufgegangen." In der Schlussstrophe – also dem Vers Nr. 7 – dichtet Claudius die beiden letzten Strophen aus dem Choral von Paul Gerhardt nach. Zunächst Paul Gerhardt:

Breit aus die Flügel beide,
O Jesu, meine Freude,
Und nimm Dein Küchlein ein.
Will Satan mich verschlingen,
So laß die Engel singen:
„Dies Kind soll unverletztet sein."

Auch Euch, Ihr meine Lieben,
Soll heute nicht betrüben
Kein Unfall noch Gefahr.
Gott laß Euch selig schlafen,
Stell Euch die güldnen Waffen
Ums Bett und seiner Engel Schar.

Jetzt Matthias Claudius:

> *So legt Euch denn Ihr Brüder*
> *In Gottes Namen nieder,*
> *Kalt ist der Abendhauch.*
> *Verschon uns, Gott, mit Strafen*
> *Und laß uns ruhig schlafen,*
> *Und unsern kranken Nachbarn auch*

Das Lied, oder besser: beide Lieder sind richtige Abendsegen. Damit kann man seinen Tag beenden.

Die ersten beiden und die letzte Strophe sind sozusagen der Rahmen, zu dem Matthias Claudius sich durch Paul Gerhardts Lied: „Nun ruhen alle Wälder" hat inspirieren lassen. Dazwischen hat er in den Versen 3 - 6 sein persönliches Glaubensbekenntnis geschoben, auch dieses sicherlich sehr bewusst. Es besitzt eine unverkennbar antirationalistische Spitze, für die ich persönlich gerade in unserer Zeit sehr viel über habe. Der Glaube hat nicht nur mit Verstehen, sondern auch mit Staunen und darum mit Anbetung zu tun.

Ich nehme jetzt noch einmal den Hinweis von vorhin auf, nämlich die Aussage, dass Matthias Claudius sich mit seinem Abendlied bewusst und deutlich erkennbar auf Paul Gerhardt bezieht. Der war nämlich zur Zeit des Claudius Zielscheibe rationalistischer Kritik christlichen Glaubens und christlicher Frömmigkeit geworden. Und gerade der Choral: „Nun ruhen alle Wälder" wurde heftig von Vertretern dieser kritischen Richtung angegangen. Das Frömmigkeitsverständnis, das sich dort ausdrückte, passte nicht mehr in die Zeit. So die Kritik – und dagegen hat Claudius sein Abendlied (auch) geschrieben. Indem er also bewusst diese unübersehbare Nähe zu Paul Gerhardt herstellt, legt er ein Bekenntnis ab, ein Bekenntnis zu einer Frömmigkeit, die gerade wegen ihrer innigen und schlichten Form so schnell in Verruf zu bringen, und die nach meiner Überzeugung doch so wesentlich und so wichtig ist. Darum also der Rahmen, den die ersten beiden und die letzte Strophe des Chorals: „Der Mond ist aufgegangen" bilden. In ihn hinein setzt Claudius sein Glaubensbekenntnis.

Seht ihr den Mond dort stehen?
Er ist nur halb zu sehen
und ist doch rund und schön.
So sind wohl manche Sachen,
die wir getrost belachen,
weil unsre Augen sie nicht sehn.

Wir stolzen Menschenkinder
sind eitel arme Sünder
und wissen gar nicht viel.
Wir spinnen Luftgespinste
und suchen viele Künste
und kommen weiter von dem Ziel.

Gott, laß uns Dein Heil schauen,
Auf nichts Vergänglich´s trauen
Nicht Eitelkeit uns freu´n.
Laß uns einfältig werden
Und vor Dir hier auf Erden
Wie Kinder fromm und fröhlich sein.

Wollst endlich sonder Grämen
Aus dieser Welt uns nehmen
Durch einen sanften Tod;
Und wenn Du uns genommen,
Laß uns in´ Himmel kommen,
Du unser Herr und unser Gott.

Es lässt sich schnell erkennen, dass hinter diesem persönlichen Glaubenszeugnis von Matthias Claudius der 8. Psalm steht. Ich lese ihn vor und versuche dann, Choralstrophen und Psalm in Beziehung zu einander zu setzen. Der 8. Psalm:

Herr, unser Herrscher, wie herrlich ist Dein Name in
allen Landen, der Du zeigst Deine Hoheit am Himmel!
Aus dem Munde der jungen Kinder und Säuglinge hast
Du eine Macht zugerichtet um Deiner Feinde willen,
dass Du vertilgest den Feind und den Rachgierigen.

Wenn ich sehe die Himmel, Deiner Finger Werk,
den Mond und die Sterne, die Du bereitet hast:
was ist der Mensch, dass Du seiner gedenkst,
und des Menschen Kind, dass Du Dich seiner annimmst?
Du hast ihn wenig niedriger gemacht als Gott,
mit Ehre und Herrlichkeit hast Du ihn gekrönt.
Du hast ihn zum Herrn gemacht über Deiner Hände Werk,
alles hast Du unter seine Füße getan:
Schafe und Rinder allzumal,
dazu auch die wilden Tiere,
die Vögel unter dem Himmel und die Fische im Meer
und alles, was die Meere durchzieht.
Herr, unser Herrscher, wie herrlich ist Dein Name
in allen Landen!

Ich stelle jetzt Passagen aus dem Psalm Passagen aus dem Lied von Matthias Claudius gegenüber:

Der Psalm: „Wenn ich sehe die Himmel, Deiner Finger Werk, den Mond und die Sterne, die Du bereitet hast..."
Matthias Claudius in Strophe 3: „Seht Ihr den Mond dort stehen?"

Der Psalm: „Was ist der Mensch, dass Du seiner gedenkst, und des Menschen Kind ...?"
Matthias Claudius in Strophe 4: „Wir stolzen Menschenkinder..."

Der Psalm: „...dass Du Dich seiner annimmst?"
Matthias Claudius in Strophe 5: „Gott, laß uns Dein Heil schauen..."

Matthias Claudius kommentiert den 8. Psalm, nimmt ihn auf, um ihn als Glaubensspiegel den Menschen vorzuhalten. Er versteht sich hier wirklich als Bote, als Anwalt des Glaubens, ja, als Prediger.

Hinter diesen Versen 3 - 6 steckt aber auch Weisheit aus dem Buch des Predigers im Alten Testament. Prediger Kapitel 1 und 7 klingen deutlich an, zum Teil in wörtlicher Zitation wie „sonder Grämen"[1] oder „und suchen viele Künste".[2] Beide – Kapitel 1 und 7 im Buch des Predigers – handeln von der Fragwürdigkeit menschlichen Wissens und menschlicher Weisheit, die in dem Gedicht von Matthias Claudius so einleuchtend und wahr dargestellt wird.

C   Zum Schluss

Diese wenigen Andeutungen sollen genügen, um zu zeigen: es ist also ein wohl durchdachtes Gedicht, dieses Lied: „Der Mond ist aufgegangen." Auch wenn es ein volkstümliches Lied geworden ist, so ist es doch – oder gerade deswegen? – der hohen Dichtkunst zuzuordnen. Was Claudius dort über uns Menschen sagt, finde ich nur richtig und wahr. Diese Sicht des Menschen teile ich. Wir Menschen schauen nicht hinter die Kulissen des Lebens und der Welt. Deswegen lachen und spotten wir häufig an der falschen Stelle, ohne es zu wissen. „Seht Ihr den Mond dort stehen? Er ist nur halb zu sehen – und ist doch rund und schön. So sind wohl manche Sachen, die wir getrost belachen, weil unsre Augen sie nicht sehn."

Wir werden auch nicht selber zu Herren des Lebens. Sondern: was wir erkennen, ist nicht von uns gemacht, sondern nur von uns entdeckt. Das gilt für alles wissenschaftliche Erkennen. Wissenschaftliche Erkenntnis zerrt sozusagen nur ans Licht, was verborgen immer schon da war und ist, wirksam da war und wirksam da ist. Als Menschen leben wir von dem, was vor uns schon da ist. Das sollten wir nicht vergessen, damit wir nicht zu viel von uns selber halten, aber gleichzeitig sollten wir alles von uns halten, weil Gott alles von uns hält. Oder anders ausgedrückt: wir sollten uns nicht so sehr von unserem Tun her beschreiben und verstehen, sondern von unserem Glauben her, also von der Überzeugung her, dass wir geborgen sind in Gottes guten Händen – gleich, ob es uns im Leben gut geht oder nicht. An Gottes Verhalten uns gegenüber ändert sich nichts.

---

1. Prediger 1,18
2. Prediger 7,29

Deswegen ist es wichtig, die richtige Perspektive im Leben und für´s Leben zu haben. „Gott laß uns Dein Heil schauen, auf nichts Vergänglich´s trauen, nicht Eitelkeit uns freu´n. Laß uns einfältig werden und vor Dir hier auf Erden wie Kinder fromm und fröhlich sein." Was macht das Leben aus? Ich finde: es ist ausgesprochen notwendig, weil not-wendend, dass wir eine Perspektive haben, die über das Vorfindbare, über das Erlebbare hinausgeht, ohne dieses alles zu übersehen – die gleichzeitig aber nicht von uns Menschen gemacht ist. Denn wäre das der Fall, dann bräche spätestens am Tod alles zusammen, würde spätestens dort alle Hoffnung enden.

Wesen und Kern des christlichen Glaubens ist aber gerade die Ansage, dass Gott uns Menschen eine Perspektive ermöglicht, die über den Tod hinausreicht. Das macht er klar am Kreuz und in der Auferstehung Jesu. Das hat Gott so gemacht, nicht wir Menschen. Gott lass uns Dein Heil schauen – lass uns also erkennen, Gott, wohin die Reise geht. Sie geht eben nicht in den Tod, sondern ins Leben. Aber am Tod vorbei geht diese Reise nicht, sondern mitten hindurch. Und das ist schwierig, keine Frage.

Darum kommen mir diese folgenden Worte sehr entgegen und sehr nah: „Wollst endlich sonder Grämen aus dieser Welt mich nehmen durch einen sanften Tod. Und wenn Du uns genommen laß uns in´ Himmel kommen, Du unser Herr und unser Gott." Das wünsche ich mir: einen sanften Tod, ohne Gram, sondern mit Einverständnis, weil er nicht das Ende, sondern Durchgang ist zu neuem Leben nach einem erfüllten Leben hier. Und die Fülle des Lebens hier beschreibt sich eben nicht über materielle Güter, sondern über Liebe, Annahme und Verlässlichkeit – alles Dinge, die wir nicht kaufen oder herstellen können.

Ich bin der festen Überzeugung: unser Verständnis von Tod wirkt sich unmittelbar aus auf unser Verständnis von Leben. Wenn ich der Überzeugung bin, dass nach dem Tod oder mit dem Tod alles aus ist, dann beschreibe ich von daher mein Leben und setze von daher die Prioritäten für mein Leben. Und: wenn ich der Überzeugung bin, dass nach dem Tod und mit dem Tod nicht alles aus ist, sondern das, was war, in ein Neues hineingeführt wird, dann wirkt sich das ebenfalls auf mein Lebensverständnis aus, dann setze ich eben von da her meine Prioritäten. Und wenn dazu dann kommt, dass Gott mir gnädig sein wird, weil er nicht – wie es in Psalm 103 so schön heißt – „für immer hadern noch ewig zornig bleiben" wird, dann ergibt das eine gute Perspektive. Matthias Claudius hat das alles in seinem Abendlied auf eine sehr nachvollziehbare Weise dargestellt. Und darum sage ich: dieses Abendlied ist mein Lieblingsgedicht.

Helge Adolphsen

Abel, steh auf

von Hilde Domin

Theologen sollen nicht domestizieren, vereinnahmen und instrumentalisieren für ihre Zwecke, sondern sie sollen sich dem aussetzen, was ist, was fremd ist, was draußen ist, und nicht gleich immer es auf drinnen, auf das eigene Innen beziehen. Zunächst das Gedicht

Abel steh auf[1]

1. *Abel steh auf*
2. *es muß neu gespielt werden*
3. *täglich muß es neu gespielt werden*
4. *täglich muß die Antwort noch vor uns sein*
5. *die Antwort muß ja sein können*
6. *wenn du nicht aufstehst Abel*
7. *wie soll die Antwort*
8. *diese einzig wichtige Antwort*
9. *sich je verändern*
10. *wir können alle Kirchen schließen*
11. *und alle Gesetzbücher abschaffen*
12. *in allen Sprachen der Erde*
13. *wenn du nur aufstehst*
14. *und es rückgängig machst*
15. *die erste falsche Antwort*
16. *auf die einzige Frage*
17. *auf die es ankommt*
18. *steh auf*
19. *damit Kain sagt*
20. *damit er es sagen kann*
21. *Ich bin dein Hüter*
22. *Bruder*
23. *wie sollte ich nicht dein Hüter sein*
24. *Täglich steh auf*
25. *damit wir es vor uns haben*
26. *dies Ja ich bin hier*
27. *ich*
28. *dein Bruder*
29. *Damit die Kinder Abels*
30. *sich nicht mehr fürchten*
31. *weil Kain nicht Kain wird*
32. *Ich schreibe dies*
33. *ich ein Kind Abels*
34. *und fürchte mich täglich*
35. *vor der Antwort*
36. *die Luft in meiner Lunge wird weniger*
37. *wie ich auf die Antwort warte*
38. *Abel steh auf*
39. *damit es anders anfängt*
40. *zwischen uns allen*
41. *Die Feuer die brennen*
42. *das Feuer das brennt auf der Erde*
43. *soll das Feuer von Abel sein*
44. *Und am Schwanz der Raketen*
45. *sollen die Feuer von Abel sein*

---

1. Hilde Domin, Abel, steh auf, Gedichte, Prosa, Theorie, Reclam U.B. 9955, Ditzingen 1998

1. Warum ich dieses Gedicht gewählt habe

Ich kenne es schon sehr lange, aber es war ein Gedicht neben anderen. Begriffen, bewegt hat es mich erst vor gut sechs Jahren, als ich Gedichte lesen und interpretieren sollte für eine nächtliche Fernsehsendung. Ich nenne zwei Gründe, warum es mich plötzlich „gepackt" hat, dieses Gedicht von Hilde Domin.

Die Kain- und Abelgeschichte war mir schon immer wichtig. Jene symbolische Beschreibung und theologische Deutung, woher die Sünde kommt und auch, warum sie ihre Ursachen in uns selber hat, und welche Folgen sich daraus ergeben: Kains Brudermord aus Neid, dem Gefühl der Benachteiligung (wir haben Zwillinge, und ich habe in ihren Kämpfen früher Kain und Abel wiedererkannt!), der Gewalt und dem Hass. Aber dann auch das Kains- und Schutzzeichen an seiner Stirn: Bewahrung und Gnade, Vergebung und Evangelium.

Hier im Gedicht nun eine andere, ganz neue Deutung. Das Spiel zwischen beiden soll noch einmal gespielt werden. Abel, der Verletzte und hier nicht der Ermordete, wird aufgefordert, aufzustehen und das damalige Spiel rückgängig zu machen, damit Kain sagen kann: „Ich bin dein Hüter." Er stellt nicht wie in der biblischen Geschichte die ausweichende Frage: „Soll ich (etwa) meines Bruders Hüter sein?"

Das ist für mich ein Stück wahrhaftige Theo-Poesie, das ist nämlich ungewöhnlich, das ist fremd, das ist die überraschend neue Deutung eines religiösen und zentral biblischen Stoffes in einer poetischen Form.

Der zweite Grund: Ich bin 1940 geboren. Mein Vater und meine Lehrer haben mir kaum etwas erzählt, vielleicht auch nicht erzählen können von dem, was im Dritten Reich geschah. Am wenigsten davon, ob und wie sie beteiligt oder unbeteiligt waren. Das ganze Ausmaß von Menschenverachtung und systematischer Ausrottung der Juden in Deutschland, der Wahnsinn dieses Krieges und die Verlogenheit der Propaganda, die Gleichgültigkeit und das Wegsehen der Massen damals, das Erkennen, wozu Menschen fähig sind und wie der Mensch dem Menschen zum Wolf werden kann – das alles gehört für mich zu den tiefsten Prägungen meines Lebens und, ich denke, meiner Generation. Das lässt mich nicht mehr naiv-optimistisch vom Menschen denken und reden. Vor einem blinden positiven Denken und dem Gerede, dass der Mensch doch gut sei, bin ich gefeit. Für mich gehören diese Einblicke in das damalige Geschehen auf die Seite des „Tremendum", des Erschreckens über Macht und Ohnmacht des Menschen, über das Rätsel und die Gewalt des Bösen. Ich kann inzwischen auch nicht mehr naiv zwischen Tätern und Opfern säuberlich trennen, weil ich jetzt ganz persönlich sage. Ich bin Kain - und ich bin Abel.

Bevor ich Hilde Domin selbst zu Wort kommen lasse und ihre eigene Sicht von diesem Gedicht schildere und dann das Gedicht selbst interpretiere, möchte ich kurz ihre Biographie erläutern. Sie ist für das Verstehen dieses ihres wichtigsten Gedichts eine wichtige Verstehenshilfe.

2. Hilde Domins Lebenslauf

Geboren ist sie 1912 in Köln. Ihr Vater war Rechtsanwalt, die Mutter Sängerin. Es gibt entscheidende Eindrücke während der Schulzeit, die sie selbst berichtet: Der Vater hatte als Strafverteidiger einen unschuldig Angeklagten vor Gericht zu vertreten. Das hat sie sehr geprägt. Sie studiert Jura, Nationalökonomie, Soziologie und Philosophie. Die wichtigsten Lehrer: Karl Jaspers und Karl Mannheim. Die Universitäten zeigen hier schon die Weite ihres Lebens: Heidelberg, Köln-Bonn, Berlin, Heidelberg, Rom, Florenz. Die NS-Machtergreifung vorausahnend, wandert sie 1932 nach Rom aus. ´33 wird Italien dann zu ihrem ersten Exil. 1935 legt sie die Doktorprüfung in Florenz ab und widmet sich bis 1939 Übersetzungsarbeiten. Darauf ist sie ein Jahr in England, danach vierzehn Jahre in der Dominikanischen Republik. Diese Republik wird zum dritten Asylland, und daher auch ihr Name.

Eigentlich heißt sie Hilde Palm. Den Namen Domin hat sie von der Dominikanischen Republik bezogen. Zwischen 1945 und 1954 gibt es viel längere Aufenthalte in den USA. Im Herbst 1951 schreibt sie die ersten Gedichte. Das ist der Beginn einer neuen Existenz. Eine zweite neue Existenz ist mit ihrer Rückkehr im Jahre 1954 nach

Deutschland gegeben. Das Stichwort 'Rückkehr', vom Roman her vertraut, kommt hier wieder und kehrt auch im Verlauf meiner Gedanken noch wiederholt zurück. Sie lebt sieben Jahre in möblierten Zimmern – also immer noch nicht ganz zuhause –, davon vier Jahre in Spanien, sehr unstet. 1961 findet die erste öffentliche Lesung in Köln, danach in Hamburg statt. Es schließen sich unendlich viele regelmäßige Lesungen in Buchhandlungen, Schulen, Gefängnissen und auch in vielen Ländern der Erde an. Das hat sie mit wahrer Leidenschaft getan. Soweit der Einblick in ihre Biographie. Also Vielfalt der Länder, Exil, Weggehen, Rückkehr, das sind dominante Lebenserfahrungen.

3. Hilde Domins Gedicht – in ihrer und in meiner Sicht

Alle Gedichte von Hilde Domin thematisieren die Exilerfahrung. Überall ist das bittere Gefühl von Heimatlosigkeit zu spüren, von Abschied und Sehnsucht, von Emigration mit einem Wanderleben, unstet und flüchtig. Zugleich thematisiert sie auch die Erfahrungen eines isolierten Menschen, der Halt in einem Leben der Zweierbeziehung sucht, einen Halt, den keiner geben kann.

So sagt sie von sich selbst: „Jeder Atemzug, den ich tue, ist der eines Enfant terrible." Immer wendet sie sich gegen Mitläufer, gegen Gleichgültigkeit, gegen das „Nichts hören, nichts sehen, nichts sagen". Sehr viel Impulsivität, sehr viel Leidenschaft ist überall zu spüren.

Das Gedicht „Abel, steh auf" bezeichnet sie als die Summe ihres Schaffens. „Ich halte es für mein letztes Wort, ein Fazit, das ich nicht überbieten kann." Sie hat es 1969 geschrieben, als die NPD viele Stimmen gewann; sehr aktuell heute. Sie war eine Nazi-Verfolgte. Aber nun war sie ja zurückgekehrt nach Deutschland. „Ich wollte meinen Landsleuten eine zweite Chance geben", schreibt sie. In diesem Sinne ist es ein Rückkehrer- und ein Hoffnungsgedicht.

Für sie bleibt es offen, ob es ein religiöses Gedicht ist. Sie selbst bezeichnet sich nicht als „aufrichtige Jüdin", wie etwa Nelly Sachs, Paul Celan oder Rose Ausländer. Sie sei mit Weihnachten, Ostern und Goethe groß geworden.

Ihr Gedicht richtet sich eben nicht an einen begrenzten Kreis von religiös Interessierten, sondern an alle Menschen, ob religiös oder nicht. So hat sie das Gedicht bei jeder ihrer vielen Lesungen gelesen, und dazu selbst gesagt: „Als Botschaft, die abzugeben oder vorzuenthalten mir nicht frei steht." Sie musste es also lesen, es war ein innerer Zwang in ihr.

Das spüre ich diesem Gedicht ab. Hier waltet ein „Muss", ein „Ich kann nicht anders!" Worte und Person, Botschaft und Leben sind hier stimmig, so sehr, dass sich keiner dem entziehen kann. So verstehe ich mich auch als Prediger, als Verkündiger des Evangeliums. Es steht mir nicht immer frei, vielleicht niemals frei, von mir persönlich erkannte Wahrheiten für mich zu behalten. Ich muss zur Zeit oder zur Unzeit reden, ich muss, so wie es Domin von Gedichten sagt, immer den kürzesten Weg von Mensch zu Mensch suchen und finden mit meinen Worten – was längst nicht immer gelingt.

Aber wie beim Schreiben eines Gedichts führt das Verkündigen zunächst und zuallererst zu einer Begegnung mit mir selbst. Ich bin ja jetzt ein Prediger, ein Theologe, der ich Prediger sein möchte, nicht nur Briefträger. Ich muss jetzt Zeuge des Wortes sein. Wenn die Begegnung glückt, die Begegnung mit mir, dann wird die eigene Subjektivität und Identität intensiviert. Also sich aussetzen, es durch sich nicht nur hindurchgehen lassen, sondern in sich aufnehmen. Dann jedenfalls besteht die Chance, dass die Worte des Gedichts sowie der religiösen Rede auch ein Vertrauensverhältnis zu anderen herstellen und sich so eine Begegnung ereignet. Hilde Domin sagt: „Das hat das Gedicht mit dem Gebet gemeinsam." Dasselbe gilt auch für die Verkündigung. Die Zuhörer spüren dann, dass ich nicht lüge. Ich denke, auch darum lohnt sich Theo-Poesie!

Eine Anmerkung: Hilde Domin berichtet davon, dass das Gedicht zum ersten Mal im Gefängnis gelesen wurde. Von einem Pfarrer, der es als Weihnachtsgedicht für diejenigen Häftlinge las, die keinen Urlaub über die Feiertage bekamen. Viele schrieben es sich ab und lernten es auswendig. So ereignete sich Begegnung und wurde das Gedicht erstmalig der kürzeste Weg von Mensch zu Mensch. Schaffung eines Vertrauensverhältnisses.

4. Interpretation des Gedichts

Der erste Vers signalisiert das „Aufstehen" und den Neuanfang. „Aufstehen". Was bedeutet Aufstehen? Es bedeutet mancherlei. Es bedeutet: täglich neu anfangen, immer wieder aufstehen. Es kann aber auch heißen, einen revolutionären Aufstand wagen. Es kann auch drittens meinen eine religiöse Erlösungs- und Befreiungshandlung wie die Auferstehung. Denken Sie an Jesu Totenerweckungsrufe „Steh auf!", oder an den Vers aus dem Epheserbrief „Steh auf, der du schläfst von den Toten, Christus will dich erwecken." Also „Steh auf!", eine ganze Assoziationsbreite. Aber dann wird es gleich sehr viel deutlicher und konkreter.

Was wird hier gefordert? Gefordert wird die Umkehrung einer irreversiblen Handlung: nämlich des Brudermords. Hier sollen der Tod Abels und die Verstoßung Kains widerrufen werden. Dieses „Steh auf!" wird mehrmals wiederholt, genau: drei Mal.

Erster Teil von Vers 1 bis 17.
Zweiter Teil von Vers 18 bis 37.
Dritter Teil von Vers 38 bis 45.

Jeder der drei Teile fängt an mit der Aufforderung „Abel, steh auf!" Verstärkend die Dreierzahl, zweifellos nicht einfach nur so gewählt.

Hilde Domin sagt zur zweiten Zeile (es muß neu gespielt werden) selbst: „Hier geht es zu wie bei einer Theaterprobe: Bitte neu spielen!"

Mehrfach taucht das Wort „müssen" auf. Es signalisiert eine zwingende Verpflichtung und unterstreicht den Ernst der Botschaft und das Nicht-anders-können.

Auffallend dann: Abel soll die falsche Antwort auf die einzige Frage, auf die es ankommt (Vers 13 - 17), rückgängig machen. Abel, dem Verletzten, dem Getöteten, dem Opfer, bieten sich neue Möglichkeiten. Es muss nicht alles so bleiben, wie es ist. Es muss auch nicht immer so weitergehen. Es gibt eine Unterbrechung des scheinbar Normalen oder des natürlichen Kausalzusammenhangs:

Abel, steh auf!
damit Kain sagt
damit er es sagen kann
Ich bin dein Hüter
Bruder
wie sollte ich nicht dein Hüter sein

Wenn man dem Satz der Bibel: Soll ich meines Bruders Hüter sein? umformuliert: Wie sollte ich nicht dein Hüter sein?, wird der Gegensatz sehr deutlich und scharf. Es geht, es muss darum gehen in dieser visionären Schau: dass Kain eine Chance erhält, das nächste Mal, jeden Tag neu, also täglich die festgelegte Rolle abzulehnen und also nicht Kain zu sein. Aber auch Abel soll das Seine dazu tun. Mit der Verneinung der Kains-Tat durch beide, durch Opfer und Täter, würde rückwirkend der Menschheit ein anderer, ein geschwisterlicher Anfang ermöglicht. Das will Hilde Domin sagen.

Im zweiten Teil (Vers 18ff) wird die von Kain erwartete Antwort, die neue Antwort der falschen ausweichenden Antwort in der Bibel („Soll ich meines Bruders Hüter sein?") entgegengesetzt. Und das in Finalsätzen, die das Recht des Lebenden auf die Utopie menschenwürdiger Lebensverhältnisse begründen wollen: dreimal „damit".

Sehr interessant und auffallend finde ich im Vergleich mit biblischen Zusammenhängen Kains Bekenntnis „Ja, ich bin hier!" Das ist die bekannte Berufungsformel im Alten Testament, die von Mose am Berg Horeb und noch klarer in der Berufung des Propheten Jesaja im Kapitel 6 (die Vision des Jesaja mit den sechs Seraphinen), wo er sagt: „Herr, hier bin ich!" Da ist jemand gestellt, gerufen, herausgefordert. Er stellt sich wirklich hin, ist ganz er selbst, bereit zu hören und aus dem Gehörten Konsequenzen zu ziehen.

Inhaltlich leuchtet hier Versöhnung auf, Geschwisterlichkeit, das „andere Spiel". Das kann man auch beziehen auf eschatologische Bilder. Biblisch dann im Neuen Testament vielleicht nicht so antoprozentrisch zunächst: vom Wolf neben dem Lamm und vom Drachen, der durch den Erzengel Michael aus dem Himmel verbannt wird. Jedenfalls Visionen der Versöhnung!

Zählen tun für Hilde Domin unbedingte Solidarität, Geschwisterlichkeit und Verantwortung für den Nächsten. Die Forderung danach er-
wächst aus der Furcht der „Kinder Abels" von neuen Kains-Taten, denn
die Menschen sind nicht säuberlich in die Täter- und Opferklasse ein-
zuteilen.

Hilde Domin sagt von sich selbst, dass sie jedesmal bei einer Lesung
stocke und rot werde, in der sie sich mit dem „Ich selbst als „Kind
Abels" bezeichnet (32, 33, 34): „Ich schreibe dies, ich ein Kind Abels.
Ich fürchte mich täglich." Sie bringt sich wirklich authentisch ein:

> *Damit die Kinder Abels*
> *sich nicht mehr fürchten*
> *weil Kain nicht Kain wird*
> *Ich schreibe dies*
> *ich ein Kind Abels*
> *und fürchte mich täglich'*
> *vor der Antwort*
> *die Luft in meiner Lunge wird weniger*
> *wie ich auf die Antwort warte.*

Sie bezeichnet sich also als Kind Abels und ruft Kain an, „damit die
Kinder Abels sich nicht mehr fürchten, weil Kain nicht Kain wird. Ich
schreibe dies, ich ein Kind Abels und fürchte mich täglich vor der
Antwort." Dann noch stärker: „Die Lust in meiner Lunge wird weniger, wie ich auf die Antwort warte." Diese Furcht spürt man geradezu
physisch. Denn: „Jeder von uns ist täglich ein potentieller Abel, ein
potentieller Kain." (wörtliches Zitat von Hilde Domin) Es können eben
auch Verfolgte zu Verfolgern werden! Der Gegensatz von Tätern und
Opfern ist zu einfach. Er ist unehrlich. Hier wird ganz radikal Schuld
gedacht, ganz im biblischen Sinne: „Der Mensch ist böse von Jugend
an." Oder auch ganz im protestantischen, vielleicht lutherischen Sinne: „Der Mensch ist ganz Sünder - der Mensch ist ganz gerecht." So
paradox das klingt. Jedenfalls verdeutlicht hier die lutherische Theologie eine sehr radikale Sicht vom Menschen. Nur weil Kain nicht
Kain wird (Vers 31), ist er nicht länger Bedrohung für den Bruder. Nur
so kann sich der Sünder zum Gerechten bekehren.

Hilde Domin versteht sich selbst als ein Kind Abels. Sie gibt den Kindern der Täter und der Mitläufer und der Gleichgültigen, der Wegseher, die Möglichkeit, „alles anders zu machen. Damit Kain nicht Kain wird. Damit er sagen kann: Ja, ich bin hier. Ich, dein Bruder". Sie selbst sagt dazu in einem Interview: „Nur ich selbst als Zurückgekehrte, gleichsam als Dritte zwischen Kains und Abel, zwischen Tätern und Opfern, konnte ein solches Gedicht schreiben, damit die Feuer, die brennen auf der Erde, Abel- und nicht Kain-Feuer sind.

Die letzten beiden Verse (Vers 44 bis 45) sind ein Nachgedicht, hinzugesetzt, als dieses Gedicht schon fertig war. Dafür gab es einen Grund, eine ganz konkrete Situation. Sowie für das ganze Gedicht die äußere Situation der Erfolg der NPD war, ist es jetzt die erste Mondlandung durch Armstrong und Aldwin im Jahr 1969. Ich weiß nicht, ob Sie das miterlebt haben. Ich weiß nur, dass ich im Sessel nachts um 2.50 Uhr bis 4.50 Uhr gesessen habe. Wer wollte sich das entgehen lassen? Aber Hilde Domin hat es anders gesehen. Nicht fasziniert. Sie hat das Motiv des Feuers aufgenommen in den Versen 41 - 43 und hat dieses Feuer als Anlass zur Ungleichheit und für Gegensätze gesehen und hat dann gesagt: Provoziert das gottwohlgefällige Opfer Abels den Zorn Kains, so war der Start von Weltraumraketen Signal zu einem beispiellosen Wettrüsten. Die Raketen beschworen die Gefahren der kosmischen Kriegführung herauf. Die gigantischen Pläne der amerikanischen Regierung in den siebziger Jahren mit dem Star-Wars-Programm knüpfen daran an.

Kritisch ist zu sagen, dass diese letzten beiden Zeilen eigentlich herausfallen aus dem ganzen Gedicht. Sie sind, wie Hilde Domin selber formuliert hat, ein „Stoßgebet gegen den Atomkrieg, gegen den Neutronenkrieg und all das, was an Kains-Taten die Raketen zu vollbringen technisch in der Lage wären" – aber es wäre eben dadurch der Titel und die Weite und Offenheit des Titelappells „Abel, steh auf!" nur auf ein aktuelles, zweifellos sehr bedrohliches technologisches Problem des Fortschritts reduziert. So verliert der Titel und das Thema seine Offenheit und wird allzu sehr eingeengt auf Protesthaltung und Proteste gegen Aufrüstung und Raketenstationierung. Das war dann Thema in den achtziger Jahren. Ich erinnere mich noch gut an diese Zeit, als ich Wehrbereichsdekan war und auf vielen Podien mich gestritten habe, damals zur Zeit der Friedensdemonstrationen und der Debatten um Sicherheitspolitik und NATO-Doppelbeschluss. Aber heute sind diese Raketen verschrottet, die konkrete historische Situation ist verändert worden. Bleiben wird natürlich dieser Appell, nicht mitschuldig zu werden durch Gleichgültigkeit, sondern aufzustehen gegen Menschenblindheit und Wegsehen. Das ist der innere Zusammenhang, mit dem diese beiden Verse am Schluss doch wieder mit dem Gesamtgedicht verbunden sind.

So ist das ganze Gedicht für mich eine von biblischer Radikalität zeugende Utopie und Vision von einem Neuanfang zwischen Menschen und, letztlich ausgeweitet, einem dringend gebotenen Neuanfang der Welt:

Darum lese ich zum Schluss nur wenig verändert:

Abel, steh auf
es muss neu gespielt werden
täglich muss es neu gespielt werden
damit Kain sagen kann:
Ich bin dein Hüter
Bruder
ja, ich bin hier,
Ich
dein Bruder.

Lutz Mohaupt

Der Mensch

von Matthias Claudius

Gedankensplitter zur Existenz zwischen Gott und Gott

> *Empfangen und genähret*
> *Vom Weibe wunderbar*
> *Kömmt er und sieht und höret*
> *Und nimmt des Trugs nicht wahr;*
> *Gelüstet und begehret,*
> *Und bringt sein Tränlein dar;*
> *Verachtet und verehret,*
> *Hat Freunde und Gefahr,*
> *Glaubt, zweifelt, wähnt und lehret,*
> *Hält Nichts und Alles wahr;*
>
> *Erbauet und zerstöret,*
> *Und quält sich immerdar;*
> *Schläft, wachet, wächst und zehret,*
> *Trägt braun und grau das Haar.*
> *Und alles dieses währet,*
> *Wenn's hoch kömmt, achtzig Jahr.*
> *Dann legt er sich zu seinen Vätern nieder,*
> *Und er kömmt nimmer wieder.*

Im Wesentlichen möchte ich nur mitteilen, vor welche grundlegende Entscheidung ich mich in meinem Leben gestellt sah und nach wie vor sehe. Es geht mir dabei freilich nicht einfach nur um Informationen über meine persönliche Biographie. Auch darüber darf man gewiss reden, und ich werde das auch tun. Aber mir geht es um mehr. Mir geht es darum, dass ja vielleicht nicht nur in mir dieses Gedicht ein Gefühl der Traurigkeit weckt, ein Gefühl, das wie ein leises Kräuseln der Oberfläche unseres Lebens sein und bleiben kann, das aber auch unversehens zu einem wahren Seelensturm der Depression und

Verzweiflung aufzubrisen vermag. Denn das ist doch die Frage, mit der uns jene Verse zurücklassen und zurücklassen wollen: ob das alles ist, was über uns und unser Leben letztlich zu sagen ist und sein wird, dass wir eben geboren und genähret werden vom Weibe wunderbar und uns am Ende zu unseren Vätern (und Müttern natürlich) niederlegen, um niemals wieder zu kommen. Was da in mir rumort, möchte ich den Anflug einer „Gethsemane-Erfahrung" nennen. Ich denke an jene Abendstunde zurück, als Jesus zu seinen Jüngern sprach: „Meine Seele ist betrübt bis an den Tod; bleibt hier und wacht mit mir!" An kaum einer Stelle empfinde ich mich dem Mann aus Nazareth so nahe wie an dieser.

Wenn ich aus diesem Blickwinkel im Rahmen dieser Reihe spreche, dann weiß ich nicht, ob ich damit aus dem Rahmen falle. Ich werden nämlich relativ wenig über die Person und die Biografie von Matthias Claudius sagen (nicht zuletzt in der Hoffnung, dass dies schon in dem Vortrag meines Kollegen Wilfried Kruse hinreichend geschehen ist) und eigentlich eher wenig von Poesie, dafür etwas mehr über Theologie. Ich möchte die Zeilen von Claudius auch nicht Stück für Stück interpretieren. Sie verstehen sich weithin von selbst. Aber dies möchte ich an diesem Gedicht deutlich machen: Die Poesie ist für mich noch allemal Anlass zum theologischen Nachdenken gewesen und immer wieder geworden. Denn alles in dieser Welt und diesem Leben ist für mich Anlass zum theologischen Nachdenken, und zwar vor allem dann, wenn darin ein Anstoß beschlossen liegt, von der Oberfläche des Lebens hinunterzusteigen in die Tiefe des Seins oder auch zu den Sternen des Himmels hinauf.

Und es ist kein Zufall, dass ich als ein Beispiel dafür Matthias Claudius ausgewählt habe. Wenn man so hinab oder hinaufsteigt, dann werden die Dinge nämlich in einem letzten Sinne einfach und elementar. Ich finde, das ist etwas Großes, das Elementare. Nicht alle sehen das so. Nicht alle haben das so gesehen. Wilhelm von Humboldt hat über Claudius gesagt, er sei „eine völlige Null". Der Geringschätzung Gotthold Ephraim Lessings war sich Claudius vollkommen bewusst. Und Johann Wolfgang von Goethe nennt ihn einmal einen „Narren, der voller Einfaltsprätentionen steckt", und fährt dann fort: „'Meine Mutter hat Gänse' singt sich mit bequemerer Naivität als ein 'Allein Gott in der Höh sei Ehr'." Claudius wiederum hat sich seinerseits bisweilen über die „Von-und-Zus" lustig gemacht, obwohl er ja immerfort von den Brosamen lebte, die von der Reichen Tische fielen. Wie immer – mich jedenfalls berührt gerade die Einfachheit oder Einfältigkeit seiner schlichten Frömmigkeit. Denn die einfachste Einsicht, vor die wir in unserem Leben gestellt werden, lautet so: Wir wissen allenfalls, dass wir nichts wissen können, nichts jedenfalls von unserem Woher und Wohin und Wozu. Und das eben ruft in mir jene Traurigkeit hervor, von der ich eben sprach und mit der mich das kleine Gedicht des „Wandsbecker Bothen" vom Anfang zurückließ.

Nun will unser Dichter mit der frommen Seele ja mehr. Er ist zwar noch allemal und mit jeder Faser seines Herzens ein Zeuge dafür, dass die wichtigsten Sachen vor unseren Augen verborgen bleiben oder allenfalls halb zu sehen sind. Aber das sagt er nicht, um uns traurig zu machen, sondern um uns zu trösten, ja mehr: um die Sehnsucht nach dem ganz Anderen in uns zu wecken. Er will uns gleichsam auf die Suche schicken, auf die Suche nach so etwas wie einer Fortsetzung seiner Zeilen, die vielleicht mit einem „Aber..." oder einem „Dennoch..." beginnen könnte, auf die Suche nach Zeichen und Zeugen dafür, dass irgendwo höhere Gedanken über uns gedacht sind und dass wir – wenn wir denn schon diese Gedanken nicht kennen – so doch immerhin von demjenigen etwas wissen oder wenigstens ahnen dürfen, der sie hegt und in sich bewegt.

Und nun habe ich einen zweiten Text, der eine solche Fortsetzung enthält und den ich jenen Versen von Claudius gegenüberstellen möchte. Er stammt von Hiob, dem Frommen aus dem Alten Testament, dem es so wohl erging und der doch hinunter musste in den Staub, was ja unversehens passieren kann. Hiob spricht im 14. Kapitel fast so zu uns wie eben Matthias Claudius: „Der Mensch, vom Weibe geboren, lebt kurze Zeit und ist voll Unruhe, geht auf wie eine Blume und fällt ab, flieht wie ein Schatten und bleibt nicht." Aber dann fügt er, der da unten in der Tiefe sitzt, hinzu: „Doch du tust deine Augen über einen solchen auf..."

Man muss nun an dieser Stelle wissen, was es im Alten Testament bedeutet, wenn von einem gesagt wird, er tue seine Augen auf über jemand. Es könnte dort auch stehen: Er erhebt sein Angesicht auf ihn. Wer den Gottesdienst zu besuchen pflegt, der wird diese Formulierung vom Schlusssegen her im Ohr haben. „Die Augen des Herrn merken auf die Gerechten," sagt der Psalmist an einer Stelle. Und weiter: „Gott Zebaoth, tröste uns wieder; lass leuchten dein Antlitz, so genesen wir." Wo solches geschieht, da darf auch der Mensch seinen Blick heben und sprechen: „Ich will schauen dein Antlitz in Gerechtigkeit, ich will satt werden, wenn ich erwache, an deinem Bilde." Kurz: Hier geht es nicht um bloße Ahnungen oder Vermutungen, ein Tasten und Suchen, ein vages Gefühl, dass vielleicht Gott sein könnte.

Sondern wo Gott den Menschen ansieht, sein Angesicht auf ihn erhebt, seine Augen über ihn auftut, da geht es um Erfahrung, Begegnung, Beziehung. Gott selber, der Schöpfer und Lenker unseres Lebens, wendet sich uns zu, ganz und gar, wach, voller Aufmerksamkeit. Wir sehen die ganze Welt beschienen von seinem Licht und durchwaltet von seiner Macht. Wenn wir uns in die Tiefe unserer Seele versenken, dann stoßen wir zuletzt auf ihn, und wenn wir den bestirnten Himmel über uns bewundern, dann schaut unser Auge, wohin es blickt, die Wunder seiner Werke, wie man in schönen Frühlingswochen wieder einmal besonders anschaulich erleben und wahrnehmen kann.

Und so könnte, sollte, müsste in diesem Augenblick ein großes Aufatmen durch unsere Seele gehen, es müsste geradezu ein vielfaches Halleluja aus ihr zum Himmel aufsteigen, ganz so, wie es in der Zeit nach Ostern unsere Gottesdienste durchzieht und gerade den Sonntag Kantate geprägt hat, eine „Ode an die Freude" sozusagen, die die Botschaft in die ganze Welt hinausruft: „Brüder, über´m Sternenzelt muss ein lieber Vater wohnen." Du bist nicht allein, heißt das doch, niemand ist ganz allein, denn wir sind nicht nur von dieser Welt, und am Ende kehren wir heim in den Schoß, der uns gebar.

Aber es kommt ganz anders. Bei Hiob jedenfalls ist es ganz anders gekommen: Du tust deine Augen über mich auf, spricht er zu Gott, aber dann fährt er fort: „... dass du mich vor dir ins Gericht ziehst.

Kann wohl ein Reiner kommen von Unreinen? Auch nicht einer! Sind seine Tage bestimmt, steht die Zahl seiner Monde bei dir und hast du ein Ziel gesetzt, das er nicht überschreiten kann: so blicke doch weg von ihm, damit er Ruhe hat, bis sein Tag kommt." Was hier passiert, hat Gerhard Ebeling so bezeichnet: Der Mensch gerät zwischen Gott und Gott. Und das ist ein bisschen schlimmer, als wenn wir sonst zwischen alle Stühle geraten. Gott ist die Unruhe der Wirklichkeit, schreibt irgendwer.

Hiob jedenfalls tritt uns als der Inbegriff des umgetriebenen Menschen gegenüber, man muss sogar sagen: des Menschen, der sich von Gott selber getrieben weiß, der sich aber dennoch nicht und um keinen Preis von ihm abbringen lassen will, der tage- und nächtelang von seinen sogenannten Freunden gequält wird mit der Frage, wie und wann er denn – womöglich verborgen, verdrängt – so sehr gesündigt habe, dass sein Unglück als gerecht, sein Leiden als vernünftig anzusehen wäre. Es muss sich doch ein Reim auf dieses kaputte Leben und auf diese wunde Welt machen lassen, eben gerade dann, wenn Gott ist! Aber es gibt keinen Reim, keinen für Hiob, keinen für mich, keinen für Sie, jedenfalls keinen schönen, stimmigen, harmonischen, höchstens den von Matthias Claudius: „Dann legt er sich zu seinen Vätern nieder, und er kömmt nimmer wieder." Darüber hinaus führt uns die Begegnung mit Gott, wenn er uns denn ansieht, an den Rand des Abgrunds, des Abgrunds unserer Existenz, des Abgrunds der Welt.

Denn was ist das für eine Existenz, Gott, für die du uns laufend ins Gericht ziehst, obwohl du sie uns selber verliehen hast? Und was ist das für eine Welt, die doch deine Schöpfung sein soll, eine Welt des Fressens und gefressen Werdens, vom Regenwurm angefangen bis zu den fernsten Galaxien, von denen einige von sogenannten schwarzen Löchern verschlungen werden, eingesaugt, ohne jede Rücksicht, ob womöglich um irgendeinen ihrer Millionen Sterne ein schöner, blauer Planet kreist, auf dem Mütter um ihre Kinder weinen? Ich habe das vor einiger Zeit wieder einmal nachgelesen, und zwar bei Stephen Hawking, dem Physikgenie und Rollstuhlfahrer. Er spekuliert darüber, ob das ganze Universum irgendwann in sich zusammenstürzen wird – ein Modell, das ja heute unter Astrophysikern durchaus verbreitet ist.

Aber für diesen Fall hat er einen Trost bereit: Das würde mindestens zehn Milliarden Jahre dauern. Und dann sagt er: „Das braucht uns nicht übermäßig zu beunruhigen: Zu diesem Zeitpunkt wird die Menschheit infolge des Erlöschens der Sonne längst ausgestorben sein."

Wenn Gott nicht ist, haben wir keinerlei Veranlassung, die Frage nach dem Ziel der Geschichte und dem Sinn unseres Lebens auch nur zu stellen. Es gibt keinen, ist die Antwort. Aber wenn Gott ist, dann, dann erst beginnt diese Frage wirklich zu drücken und zu quälen und umzutreiben. Man kann es auch so sagen: Wen Gott angeschaut und ins Gericht gezogen hat – erst der beginnt, alles was ist und auch sich selbst zu rechtfertigen, und da die wirksamste Verteidigung immer noch der Angriff ist, beginnt er nun seinerseits, seinem Schöpfer den Prozess zu machen.

Und was die Tiefe unserer Seele angeht, in die uns die Religion hinabzusteigen lehrt – die anderen Religionen der Welt manchmal nachhaltiger als unsere christliche – so treffen wir dort unten nicht nur Gott, sondern auch uns selber an. Wer sich aber selber anschaut in Wahrhaftigkeit, so wie Gott den Hiob anschaute, der wird auch von sich selber ins Gericht gezogen. Warum? Das kann man bei Alexander Solschenizyn nachlesen: „Wenn es nur so einfach wäre! - dass irgendwo schwarze Menschen mit böser Absicht schwarze Werke vollbringen und es nur darauf ankäme, sie unter den übrigen zu erkennen und zu vernichten. Der Sitz des Bösen ist das Herz eines jeden Menschen. Und wer mag von seinem Herzen ein Stück vernichten?"

Angesichts solcher Perspektiven ist übrigens deshalb der spezifische Beitrag der Kirche zum Aufstand gegen Unrecht und Gewalt, Krieg und Terror, Rassismus und Fremdenfeindlichkeit in dieser Welt nach meiner festen Überzeugung in allererster Linie der bußfertige Hinweis darauf, dass das Böse in allen seinen Schattierungen immer schon in unserer eigenen Seele Brückenköpfe ausgebildet hat, über die es jederzeit tiefer ins Gelände einzudringen vermag. Es ist zum Beispiel der bußfertige Hinweis auf den Rassisten und Fremdenfeind in uns, in mir, im Menschen an sich, der stets dem Bauern gleicht, der nicht isst, was er nicht kennt, dem Fremdes in der Regel etwas verdächtig vorkommt und der sich am liebsten der Mühe entzieht, die eigenen

Vorurteile zur Disposition zu stellen. Ein solches Sündenbekenntnis –
denn darauf soll doch solche bußfertig Selbstthematisierung hinaus-
führen – ein solches persönliches Sündenbekenntnis kann uns keiner
abnehmen. Man kann es auch nicht delegieren an öffentliche Insze-
nierungen, man kann es keinem Politiker abverlangen, weil der politi-
sche Gegner ihn dann sofort brandmarken würde. Und so bleibt es in
der Regel bei bestimmten neueren Formen kollektiver Buße, neuerdings
leider ohne festen Tag im Jahr. Aber das Wort Gottes führt mich zur
Buße, mich, mich, mich, und darum ist jeder christliche Gottesdienst,
der im Namen des Evangeliums gefeiert wird, als solcher schon die
mächtigste Demonstration gegen Hass und Gewalt, die wir auf die
Beine zu stellen vermögen.

Was ich mit alledem sagen will, ist dies: Nicht nur Hiob ist ein Getrie-
bener, sondern der Mensch überhaupt und wir alle mit ihm, und darum lautet die grundlegende Entscheidungsfrage meines Lebens nicht:
Gibt es Gott? Sondern: Kann ich wollen, dass es Gott gibt? Soll ich
überhaupt dem folgen, wozu mich immer und immer wieder zum Beispiel der Wandsbecker Bothe mit seiner schlichten, tiefen Frömmigkeit anstiften möchte, nämlich nach dem auszuschauen, was nur halb
oder gar nicht zu sehen und doch rund und schön ist wie der Mond?
Oder soll ich lieber mit Hiob Gott ins Angesicht wiederstehen und
sagen: So blicke doch weg von mir, damit ich Ruhe habe, bis mein
Tag kommt?

Entdeckt habe ich persönlich diese Frage schon als Schüler, damals,
als wir im Religionsunterricht den Römerbrief lasen. So etwas gab es
früher. Wiederentdeckt habe ich sie, als ich Luther näher kennen lernte, vor allem im Studium. Abschließend beantworten kann ich sie bis
heute nicht. Wenn ich die Stufen zu meiner Kanzel in St. Jacobi hin-
aufsteige, dann habe ich mich in der Regel viele Stunden und
mindestens eine halbe Nacht lang damit herumgeschlagen, und wenn
die Predigt einmal leichter von der Hand ging, dann wurde auch
meistens nicht so recht etwas daraus. Nicht selten habe ich schon
das Gefühl gehabt, als wachse der Glaube in mir. Dann aber bricht
bisweilen alles oder vieles auch wieder zusammen und ich nehme –
mit Claudius gesagt – wahr, dass ich viele Künste gesucht und Luft-

gespinste gesponnen habe und doch weiter von dem Ziel gekommen bin. Man kann auch sagen: Ich fühle ich immer wieder auf die Anfänge des Glaubens zurückgeworfen und fange immer wieder da an, wo mich vorhin eingangs Matthias Claudius zurückgelassen hatte: irgendwo in der Tiefe, bei der Frage nach dem Woher und Wohin und Warum meines kurzen Lebens und der Frage, was ich denn nun machen soll mit dieser Existenz zwischen Gott und Gott.

Mancher, der sich ebenfalls mit dieser Frage abmühte, hat eine Antwort gefunden, die ihn aus der Bahn warf: Paulus stürzte vom Pferd und war blind, Augustin ging ins Kloster wegen des Plapperns eines Kindes im Nachbargarten, Luther schwor im Gewitter unter einer Eiche dem Jura-Studium ab. Mir ging es nicht so, und ich bin dankbar dafür. Aber eine mystische Tiefenschau – die widerfuhr mir wiederum auch nicht, noch offenbarte sich mir in einem unwiderstehlichen Bekehrungserlebnis der Heiland selbst in seliger Schau, und den meisten von uns sicher auch nicht. Darum haben wir nur unseren Kopf und unser Herz, und dann haben wir noch die Bibel und das Gebet, den Gottesdienst und die Gemeinschaft der Heiligen, was ja unsere Kirche wenigstens sein soll und bisweilen vielleicht auch wirklich ist. Ich kann also ganz einfach sagen: Matthias Claudius führt mich immer wieder in den Schoß der Mutter Kirche zurück, bei der man den Glauben lernen kann.

Was uns da auf diesem gleichsam „normalen" Weg der Einübung im Christentum begegnet, das reicht nun allerdings, wie ich finde, vollständig aus, um unser Sein zwischen Gott und Gott, diese Existenz zwischen allen Stühlen, einem Ziel entgegen zu führen, nach und nach, mit Rückschlägen und Mühseligkeiten, aber immerhin. Mir ist es jedenfalls so ergangen. Denn es ist mir auf diesem Weg ja das Wort des guten Hirten begegnet: „Kommt her zu mir alle, die ihr mühselig und beladen seid, ich will euch erquicken." Ich habe lesen und studieren dürfen, dass es einen gab und gibt, der seinen Blick nicht auf die Menschen richtet, um sie ins Gericht zu ziehen, sondern um sie an sein Herz zu drücken, die Kinder zum Beispiel, aber nicht nur sie: den armen Lazarus und den reichen Jüngling, den namenlosen Leprakranken, der vor der Stadt vegetiert, und den gebildeten Pharisäer Simon, der ihn zu Tisch lädt, die von Steinewerfern gehetzte Sünderin und den Hauptmann des Exekutionskommandos unter dem Kreuz.

Und dann steigt in mir das Bild eines ursprünglichen und verheißenen Einsseins mit Gott auf, einer „unmittelbaren Gegenwart des ganzen ungeteilten Daseins" (Schleiermacher), die wir verloren haben, die aber durch ihn, Jesus Christus, wiedergebracht wurde und vollendet werden wird zur ewigen Freude, und dann sehe ich und spüre, was er sagen will, wenn er zu uns spricht: „Das Reich Gottes ist schon mitten unter euch", und dann möchte ich ihm, nur ihm, ihm allein folgen auf dem Weg in eine Heimat, in der ich niemals war, und wenn doch, dann wusste ich es nicht.

Das also ist die Entscheidung, vor die ich mich in meinem Leben gestellt sah und immer wieder sehe, zum Beispiel durch so ein Gedicht, wie ich es eingangs zitiert habe. Es ist eigentlich keine Entscheidung, sondern ein Entscheidungsweg, den ich immer wieder gehe, aber nie wirklich hinter mir habe. Aber das übt. Nach und nach tritt die Welt um mich herum immer stärker ins Licht des Glaubens, und nach und nach treten die Menschen um mich herum immer stärker ins Licht der Liebe, auch die, die mir Mühe bereitet haben oder ich ihnen.

Und wenn ich dann mein Herz anschaue, in dem das Gute so unentwegt gegen das Böse kämpfen muss und die Hoffnung gegen die Angst, weil ich mich ja irgendwann eh nur zu den Vätern niederlege, dann sehe ich auf Jesus und höre, wie er zu mir spricht: „Wo ich bin, da sollt auch ihr sein." Und ob ich schon wandere im finstern Tal, fürchte ich kein Unglück. Denn wenn ich zum Himmel aufblicke und mich frage, wieviel Sternlein wohl da oben stehen mögen, dann erschrecke ich nicht vor dem unermesslichen Hunger von schwarzen Löchern, und es schwindelt mir nicht, weil keiner die Abermilliarden Galaxien zählen kann, sondern dann denke ich bei mir: Einer weiß es. Er hat sie gezählt. Und wenn ich ihn auch nicht wirklich kenne, so lasse ich mir doch jeden Tag neu im Namen Jesu gesagt sein: Er kennt auch mich und hat mich lieb.

Das alles fällt mir ein, wenn ich das Gedicht von Mattias Claudius lese oder höre oder spreche. Es fällt mir immer wieder neu ein, ich gehe diesen Gedankenweg immer wieder. Und also verdanke ich dem Wandsbecker Bothen sehr viel, ihm, der so bescheiden von sich selber dachte. Ich hoffe und wünsche mir, dass ich noch genügend Zeit auf dieser Erde habe, um zu lernen, auch so bescheiden von mir zu denken wie er von sich. Wie bescheiden, das will ich noch sagen, indem ich abschließen zitiere, was Claudius als – wie er sagt – „Valet an meine Leser" hinterlassen hat: „Und somit will ich Feierabend machen und von meinen Lesern Abschied nehmen und zu guter Letzt noch einmal Hand geben. Ich entschuldige mich über meine Werke bei Ihnen nicht. Ich hin kein Gelehrter und habe mich nie für etwas ausgegeben. Und ich habe, als einfältiger Bote, nichts Großes bringen wollen, sondern nur etwas Kleines, das den Gelehrten zuwenig und zu geringe ist. Das aber habe ich nach meinem besten Gewissen gebracht; und ich sage in allen Treuen, daß ich nichts Bessers bringen konnte." Das möchte auch ich für mich in Anspruch nehmen.

Maria Jepsen

In einem Haus[1]

von Jesse Thoor

> *In einem Haus*
>
> *In einem Haus, auf feinem Tannenreiser,*
> *sitzen ein Bettelmann und ein Kaiser.*
>
> *Beide summen und lachen und trinken*
> *und reden laut und leise und winken.*
>
> *Ein volles Jahr rollt über das Dach.*
> *Ein volles Jahr rollt über das Dach.*

1.

In einer Legende wird erzählt, dass einmal ein sehr, sehr böser Mensch vors Himmelstor kam, wo der Erzengel Michael mit der doppelarmigen Waage steht, in die links die bösen Taten reinkommen und rechts die guten.

Der hatte geraubt, gemordet, geschlagen, gelogen und betrogen und eigentlich nur ein einziges Mal in seinem Leben etwas Liebes getan. Nämlich auf einem engen Weg, wo einer Frau ein Karrenrad zerbrochen war, das Rad wieder gerichtet, und das auch nur unter Fluchen und Stöhnen, und eigentlich hatte er es sogar nur getan, weil sie ihm den Weg versperrte und er sonst nicht weitergekommen wäre, wer weiß wohin und warum er es so eilig hatte, egal, den fragte der Erzengel also, und er konnte nur Tat um Tat schwarze Taten angeben, und Michael zitterte schon, weil er doch alle Menschen gerettet wissen wollte, und fragte ihn, ob ihm denn gar nichts Gutes einfiele, und er wusste nichts, er war eben ein böser Mensch gewesen. Aber der Erzengel gab nicht auf, wie Erzengel ja über ein Übermaß an Geduld und

---

1. Peter Hamm, Jesse Thoor, Gedichte, S. 76ff., Bibliothek Suhrkamp 424, Frankfurt a. M. 1975

Hoffnung verfügen, irgendwas Gutes müsse er doch getan haben, eine einzige gute Tat, und da fiel ihm das mit der Frau ein, das war zwar federleicht, drei Minuten gegen sechzig Jahre, aber als der Engel diese Tat in die Waagschale legte, da reichte es aus zum Ausgleich.

In der alten Weise gesagt: so glaube ich, wenn noch einmal so ein böser Mensch zum Himmelstor kommt mit Tat um Tat nur schwarzen Taten und gar nichts eigenem Guten, aber er hat dieses Gedicht von Jesse Thoor mit und sagt es da auf, – und wenn er es auch nur vorliest vom Blatt und nicht einmal auswendig kann – den lässt der Erzengel oder Petrus in den Himmel rein.

„Die Gesellschaft ist nach wie vor überzeugt, dass der Künstler unnötige Sachen macht; sie denkt nicht, dass diese unnötigen Sachen viele Jahrhunderte hindurch bestehen und aktuell bleiben, während die notwendigen, zweckmäßigen Sachen nur wenige Tage alt werden.", sagt Kasimir Malewitsch.

Nun wissen Sie, wie wichtig mir Gedichte sind. Und dieses von Jesse Thoor besonders.

Irgendwas haben die Künstler mit der Ewigkeit zu tun. Und es gibt ein paar Musikstücke, ein paar Bilder, ein paar Gedichte, wenn die Engel die hören, dann können sie nicht anders, wer die bei sich hat, dem müssen sie einfach öffnen.

2.

Muss ich als Zweites gleich sagen, dass es natürlich auch Gedichte gibt, mit denen ich überhaupt nicht weiter komme?

Es gibt ja wirklich genug, die haben gar nichts von einem Wunder an sich; die sind vielleicht sogar nachlässig und zu schnell gemacht, oder sie sind, wogegen natürlich nichts spricht, lediglich Gebrauchstexte für bestimmte Gelegenheiten. Kein Engel würde auch nur einen Blick darauf werfen. Die halten ein paar Tage oder Jahre, und dann ist es mit ihnen vorbei. Dann haben sie ihre Kraft, ihren Witz oder ihre Schärfe verloren. Dann ist ihr Glanz stumpf.

Dazu gibt es noch viele Gedichte, die man *gute Gedichte* nennt. Die man in Anthologien wiederfindet und die es manchmal sogar in Reclams Universal Bibliothek schaffen – das ist für viele Dichter und Dichterinnen ein Himmel auf Erden. Aber, es sind da eben über diese guten Gedichte hinaus auch *noch* andere, von denen ahnen wir, sie werden auch noch glänzen, wenn wir längst gestorben sind und weit über Reclam hinaus.

Woran man das erkennt?

Ich weiß es nicht. Jedenfalls nicht allgemein, und ich schlösse mich darum gern dem Maler an, der auf einer Ausstellung gefragt wurde, wie man ein gutes Bild von einem schlechten Bild unterscheiden kann und der dann zur Antwort gab: „Ganz einfach, ... du brauchst nur eine Million Bilder anzusehen, dann irrst du dich nie mehr."[2] Nur habe ich noch nicht eine Million Gedichte gelesen.

So bin ich froh, dass ich hier heute Abend noch subjektiver reden darf, von mir aus, persönlich. Dass ich nicht auf einer Kanzel stehe, sondern hinter einem Pult. Dass ich keine Literaturkritikerin oder Germanistin bin oder auch Verlagslektorin. Für mich selber habe ich nämlich ein Kriterium für einen ganz großen Text; ganz abgesehen davon, dass er mir irgendwie gefallen muss, also erst einmal auffallen muss, hat er dann noch eine Probe zu bestehen. Und Jesse Thoors Gedicht hat die Probe, die ganz einfach ist, bestanden.

3.

Ein wirklich guter Text muss alt werden können ohne zu veralten.

Jesse Thoors Gedicht ist ungefähr 50 Jahre alt, ich kenne es seit über 20 Jahren und habe noch immer nicht genug von ihm. Im Gegenteil; es ist mir lieb, wie an dem Tag, als ich es zum ersten Mal las; mein Mann brachte es mir; er schleppt mir dann und wann Gedichte heran wie ein Katze Mäuse; aber dies mochte ich gleich, und die Liebe zu ihm ist in 20 Jahren nicht erkaltet. Das ist ein Kriterium. Was nach 20 Jahren noch lebt, noch glüht, ist ungewöhnlich gut.

---

2. Kurt Vonnegut, Blaubart, S. 153, Goldmann TB, München 1991

4.

Ich sollte ein wenig von dem Mann erzählen, der dieses Gedicht geschrieben hat, von Jesse Thoor, wie er sich später nannte. Aber nicht, weil er ein vornehmes Pseudonym brauchte, um seine Gedichte besser zu verkaufen, sondern weil sein Leben einen Knick bekommen hatte.

Eigentlich heißt er Peter Karl Höfler, Karl, Karli genannt. Ist geboren 1905 in Berlin und gestorben 1952 in Lienz, in Österreich. Da stammten seine Eltern ursprünglich auch her, aus der Steiermark. Sein Vater, ein Tischler, zog mit der Familie nach Berlin, um dort Arbeit zu finden, kehrte wieder zurück nach Österreich, um der Fabrikarbeit zu entkommen, und zog dann doch wieder nach Berlin, in die Großstadt, zur Zeit des 1. Weltkrieges. So dass Jesse Thoor als Kind von zwei Welten geprägt wurde: vom österreichischen Katholizismus bäuerlicher Prägung und vom Arbeiterelend der modernen Großstadt.

Thoors ein Jahr älterer Bruder Leo wurde Maschinenschlosser; er selber ließ sich anfangs zum Zahntechniker ausbilden und wurde dann Feilenhauer in einer Firma in Berlin-Weißensee. Und stellte künstlerische Plastiken her. Er war ein *armer Wurm*, schreibt Peter Hamm, dem ich die wenigen Kenntnisse über sein Leben verdanke. Ein *Bruder Leichtfuß* war er, sagt sein Bruder, immer voll von Geschichten und Liedern. Er kann Leute becircen.

Früh schon fing er zu schreiben an, und es trieb ihn aus Berlin fort, „auf Walze, wieder in südlichere Zonen, nach Österreich und Oberitalien, wo er nachts meist in Klöstern unterkam, tags oft sein Geld mit recht zweifelhaften Geschäften verdiente". Raufhändel erwähnt Hamm, abenteuerliche Wege, als blinder Passagier nach Spanien, in Rotterdam taucht er auf, lebt bei einer Prostituierten, heuert als Heizer auf Küstenschiffen an. Alles in allem ein ziemliches Durcheinander, bis er wieder in Berlin landet, dem Proletarischen Künstlerbund und dem Arbeitersportbund beitritt, der Kommunistischen Partei und dem Roten Frontkämpferbund. Nach der national-sozialistischen Machtübernahme wurde er von seinen Genossen bewundert wegen der „Geschicklichkeit ..., mit der er auf öffentlichen Gebäuden unübersehbar rote Fahnen anzubringen vermochte". Er war nicht organisiert, aber was er tat, war immer für die Arbeiter, erinnert sich sein Bruder.

Diskussionen und Auseinandersetzungen mit den Nationalsozialisten ging der kleine, bärenstarke Mann, der als Kind schon im Handstand Treppen hinauflaufen konnte, nicht aus dem Weg. Er beherrschte die Sprache der Fäuste, konnte aber auch wegrennen. Einmal soll er an einer Dachrinne gehangen haben und so seinen braunen Verfolgern entkommen sein, erzählt Hamm. Er flieht schließlich nach Österreich, lebt bei seiner Tante in der Einzimmerwohnung und schlägt sich mit Gelegenheitsarbeiten durch, als Tischler, Silberschmied, Plastiker, Schuster, Schneider (er beherrscht jedes Handwerk in kürzester Zeit).

Und die ganze Zeit schreibt er auch: ich zitiere ein paar Zeilen aus dem 30er Jahren:

Nun ist der Juli schon dahin - und der September -
der Oktober auch.
Es schleicht die Kälte hinter mir und nagt an meinen Schuhn.
Der Nebel rührt mich an und beizt die Kehle wund wie gelber
Rauch.
Und keiner gibt mir Antwort, frage ich - was soll ich tun.

Da wird die ganze Erde für den bravsten Mann zum
Jammertal - wenn ihn der Winter fasst und schwarze Beulen
auf die Füße brennt.
Der Mut sinkt langsam hin wie nichts ... und gegen jegliche
Moral, scheint eine Kneipe mir ... ist sie geheizt - das aller
beste Argument.
Dort kehr ich ein nach Sonnenuntergang.
Dort wetze ich die Zähne.
Das macht mich wieder warm; ich reck´ den Hals
und krähe wie ein Hahn.
Das prasselt über meinen Kopf hinweg wie eine
feurige Fontäne.
Der Wirt hockt neben mir und schmatzt -

und stiert mich öde an.
Nun hefte ich den Wert von dreißig Silberlingen
unter seine Sohlen.
Es denkt der Narr, ich habe sie erbettelt.
Ach, ich habe sie gestohlen.

So ein Leben also. „Sonett von der betrüblichen Überlegung", heißt dieser Text.

Als die Nazis in Österreich einmarschieren, flieht er in die Tschechoslowakei und löst sich auch immer mehr von den Parteikommunisten, die mit ihm nicht mehr klar kommen. „Ich bin das schwarze Schaf unter ihnen. Ich denke ihnen zu selbstständig und zu logisch, das können sie nicht brauchen."[3] Er gilt als unsicheres Element. Das lag nicht nur an seiner damals aufgeputzten Kleidung, Lackschuhe und Stöckchen erwähnt Hamm, einen flotten Mantel auf Taille und obendrüber einen runden Hut, sondern an seinen nicht auf Linie zu bringenden Gedanken. Er kehrt der Partei den Rücken.

Das ist die Zeit, wo er sich den neuen Namen gibt, den religiös so sehr geladenen Namen. Jesse, Jesaja, der Prophet, der das Friedensreich verkündigt, ein Reis aus der Wurzel Jesse, aus Davidshaus. Und Thoor, Gott Donar, der mit dem Hammer, der Gott der Fruchtbarkeit, der Donnerstaggott. Seine Texte wandeln sich von der balladesken Frechheit des Anfangs, dem Aufrührerischen gegen die Mächtigen hin zu Anrufungen des Heiligen, des Einfachen, dem bedrohten, aber heiligen Leben mit Brot und Wein, Stuhl und Tisch und den Tieren. Statt böser Aufschreie heilige Rufe, Gebeten gleich mit Klagen, Anklagen, Bewunderungen, Dank, Trost.

Dauernd schmerzt ihn sein Kopf, rast es ihm im Schädel. Das *Schlafsonett* aus jener Zeit geht so:

Wenn heute der Tag wieder erlischt, wenn der Mond
aufgeht irgendwo,
wenn über mir die Fledermäuse sind und ihre dunklen

---

3. Hamm a.a.O. S. 81

Lieder singen,
hänge ich dann allein im Winde, wie das Männchen aus Stroh?
Liege ich im Kraut - bei den Larven oder bei den
Schmetterlingen?

Nessel ist mein Gewand. Lattich verblüht. Alle meine
Gedanken glühn.
Sonne brannte mich. Tau und Regen sind durch
mein Haar geronnen.
Ach, wie der Herbst bin ich nun: - braun, rot, gelb,
weiß und grün.
Über mein Gesicht hat längst schon eine Spinne
ihr Netz gesponnen.

Und kommt einer zu mir, der sich verneigt, und er
wird sagen:
Jesse, steh auf - schon dämmert der Morgen ... sieh,
der Tag bricht an.
Werde ich seine Worte hören, werde ich ihn noch
verstehen dann?

Denn Licht und Dunkelheit zugleich sind in mir
zusammengeschlagen.
Hell sind meine Ohren. Und in meinen Augen friert die Nacht.
Und müde bin ich wie der Schläfer, der im Traume
seufzt und lacht.

In Schriftstellerkreisen ist er in jener Zeit schon bekannt. Kein Gerin-
gerer als Franz Werfel vermittelt ihm 1938 ein amerikanisches Stipendium mit folgenden Worten: „Ich empfehle den Dichter Jesse Thoor
auf das dringendste für ein Stipendium. Seine Sonette sind zweifelsohne
die erstaunlichste Leistung, die mir auf dem Gebiet deutscher Lyrik
seit Jahren begegnet ist. Sie zeigen nicht nur eine dichterische Sprache und Bildkraft hohen Grades, sondern gestalten auch einen Zustand der Seele, der einmal vielleicht für unsere Epoche charakteris-
tisch und dokumentarisch sein wird."[4] Er bekommt das Stipendium

---

4. Hamm a.a.O. S. 105

und kann nach London emigrieren, wo ihn seine alten Parteifreunde bei Kriegsbeginn als verkappten Nazi denunzieren und er eine Zeit lang interniert wird.

In London lernte er seine Frau Friederike Blumenfeld kennen und heiratet. Thomas Mann nimmt von seinen Gedichten sechs in seine Zeitschrift „Maß und Wert" auf; wieder fließen ein paar Stipendiengelder. Thoor arbeitet in dem Raum, der ihm und seiner Frau Wohn-, Schlaf- und Essraum ist, als Gold- und Silberschmied; mit Buchstaben verdient er keinen Cent. „Stellt seltsame Blumen her, Kelche und andere religiöse Symbole, Schmuck und Ringe für Bekannte und Freunde; Phantasiestücke, die von erhabener Zartheit und manchmal auch großer Wildheit gewesen sein sollen."[5] Seine Gedichte werden nun immer religiöser. Mystischer. Zwei Strophen aus seiner Adventrede:

> *Und die Bewegtheit des Herrn ist ohne Groll und*
> *von großer Dauer.*
> *Und seine Gerechtigkeit hört nicht auf, und seine*
> *Güte bleibt ewig.*
> *Und darum entfernen wir gern die Bitterkeit, wie*
> *ein enges Gewand.*
> *Und die Trauer legen wir ab, wie einen Mantel im Frühling.*

> *Und mit viel Sorgfalt nehmen wir die Einsamkeit von*
> *unserer Stirn.*
> *Und wir weisen unsere Aufmerksamkeit hin zu den*
> *einfachen Dingen.*
> *Und wir verlassen uns auf das Dach, das keinen Regen*
> *durchlässt.*
> *Und wir vertrauen dem Stuhl, der fest steht,*
> *und der uns trägt.*

Neben die schöne und strenge Form der Sonette treten nun Rufe und Reden, die Zeilen enden nicht mehr in Reimen, werden von ihren Melodien getragen, und endlich, das ist dann nach dem Zweiten Welt-

---

5. Hamm a.a.O. S. 83

krieg, findet Jesse Thoor auch zu Liedern, kleineren Texten; aus jener Zeit stammt unser Gedicht; nach dem Weltkrieg, es geht auf die Fünfziger Jahre zu. Ihn hält es auch nicht mehr in London.

Äußerlich war sein Leben dort eine Torkelei. Schlicht gesagt: man hielt ihn für verrückt. Er war einer, den es schmerzte, wenn er sah, wie achtlos die Leute mit Brot rumkrümelten bei Tisch, er hielt seltsame Reden, fragte seinen besten Freund mit drohender Stimme: „Weißt du was ein Salamander ist?", man sah ihn wütend mit einer Holzlatte über die Straßen rennen. Und immer Schmerzen im Kopf. Und dann die späten, wie ich finde schöneren, schönsten Gedichte von ihm, die Lieder darunter:

In der Fremde ist ein Text jener Zeit übertitelt, der heißt so:

> *Ist es so auf Erden?*
>
> *Bin in die Welt gegangen.*
> *Habe mancherlei angefangen.*
> *Aber die Leute lachten.*
>
> *Auf dem Felde gegraben.*
> *Einen Wagen gezogen.*
> *Einen Zaun gerade gestellt.*
> *Tür und Fenster gestrichen.*
> *Warme Kleider genäht.*
> *Hölzerne Truhe gezimmert.*
> *Feine Stoffe gewoben.*
> *Goldenes Ringlein geschmiedet.*
>
> *Was soll nun werden?*
>
> *Werde nach Hause wandern,*
> *und barfuß ankommen.*

Das klingt schon nach Lebenszusammenfassung. Er kehrt nach Österreich zurück. Da stirbt er dann auch, 1952. Ob er die Veröffentlichung sechs seiner Gedichte im 1. Jahrgang der akzente Walter

Höllerers noch erlebt hat, weiß ich nicht. In den letzten Monaten schrieb er nichts mehr. Vorher aber noch das *Morgenlied*, auch eins zum Auswendiglernen, zum Überall-hin-mitnehmen.

Denn dafür sind Gedichte ja da, auch Psalmen und Lieder: dass man sie bei sich hat, wenn man sonst nichts mehr hat. Einen Vorrat in sich drin, von dem man lebt, mit dem man sich die Welt ordnet. Jan Phillipp Reemtsma soll das getan haben, als er in dem Heidehaus saß, da hat er sich, so gut es ging, seine Gedichte aufgesagt.

Die auf Jolo habens getan. Im Krankenhaus, beim Sterben, in Gefängnissen, in der Fremde. Auf Reisen, im Hotel, in prekären Situationen - dann können die in einem selber angesammelten Texte ein Korrektiv sein, damit sich die Gedanken nicht dauernd weiter im Kreise drehen. Lange Gedichte oder ganz kurze, darauf kommt es nicht an: ein Wort, eine erinnerte Zeile aus ihnen, kann einen überschwemmen mit Glück, mit Trost, mit Ruhe, mit Mut.

Also das *Morgenlied* von Jesse Thoor:

> *Wer sitzt unter den Zweigen,*
> *kommt die Sonne gerollt;*
> *und will uns zeigen*
> *Silber und Gold?*
>
> *Einer, der schweigt*
> *aus vielen Weiten.*
> *Einer, der sich verneigt*
> *nach allen Seiten.*
>
> *Einer, der den Wind treibt.*
> *Der bläst lang und breit.*
> *Und einer, der aufschreibt*
> *unser Herzeleid.*

5.

Mit diesem Gedicht beschließt Peter Hamm seine Gedichtsammlung von Thoors Gedichten im Suhrkamp Verlag, Bibliothek Suhrkamp (heute nur noch antiquarisch erhältlich).

Ob man einen, der so was schreiben kann, als *armen Hund* bezeichnen soll, wie Hamm es tat? Dann war er ein reicher armer Hund. Das gibt es ja. In den Berliner Jahren der Arbeitslosigkeit hat er einmal einem, der noch schlimmer dran war, jenen auf Raten gekauften flotten Mantel verschenkt, über das heilige Martinsmaß hinaus also, uns hat er einige Gedichte geschenkt. Die wärmen auch.

Peter Maiwald, ein 1946 geborener Lyriker unserer Tage, schenkte ihm dafür 1983 ein Sonett zurück, das ich hier nicht zitieren will, in dem er das Anliegen des Dichters Thoor aber zusammenfasst mit Zeilen wie diesen: Jesse Thoor reimte, dichtete

damit die Ichsucht nicht das Leid der Welt verhöhnt,
damit wer haltlos fände einen Traum von Halt,
damit die Erde fassungslos die Fassung kriegt.[6]

(Eine Fassung. So wie ein Edelstein. Damit er nicht wegrollen kann, damit man seine Schönheit erkennt: die Schönheit der Erde, des Lebens, die Würde des Elementaren. Sollte ich sein Leben und Arbeiten in ein paar Worten zusammenfassen, könnte ich sagen: das war alles ein wenig wie bei dem Maler van Gogh, bis hin zu dem Religiösen und den Wahnsinnsanteilen, dem eigenen Blick auf die Natur. Viel Armut. Verzweiflungen. Kaum Erfolge zu Lebzeiten. Van Gogh, dem es schlecht ging, und wenn der seinen Bruder nicht gehabt hätte, Theo. Thoor hatte dafür wohl mehr Freunde. Nur der posthume Erfolg, wie bei van Gogh, der blieb aus. Wer gäbe heute schon Millionen aus für ein Gedicht eines Jesse Thoor?

Das kann ja noch kommen. Die Jesse Thoor Renaissance. Aber ich glaube nicht.)

---

6. Peter Maiwald, Balladen von Samstag auf Sonntag, S. 93, Stuttgart,1984

6.

Um Jesse Thoor ist es still geworden. Im Deutschen Brockhaus-Lexikon wird er noch nicht einmal erwähnt. Der deutsche Buchhandel bietet kein Buch von ihm mehr an. 1956 gab sein Freund Alfred Marnau bei Lambert Schneider eine Thoor-Auswahl heraus, 1966 Michael Hamburger sein Werk bei der Europäischen Verlagsanstalt Frankfurt. Beide Bücher sind vergriffen und nicht wieder aufgelegt worden. Aber immerhin: in Conradys Großem deutschem Gedichtbuch ist er mit einem Gedicht vertreten, der Rede *von der Anschauung*.

Im Internet gibt die Suchmaschine kaum mehr als 10 Hinweise auf ihn; ein paar Knoten im Netz der Welt. Heute abend und hier versammelt sich wahrscheinlich die seit Jahren größte Menschengruppe der Welt um Texte von Jesse Thoor herum!

7.

Ich lese noch einmal mein Gedicht von ihm, das, das neben Bibelworten und anderen Gedichten ganz dicht neben Matthias Claudius *Der Mond* ist aufgegangen zu der kleinen Gruppe von Texten gehört, die mich überall hin begleiten werden, mein Leben lang. Ich will es nicht interpretieren. Seine Worte sind einfach und klar. Wir können uns ja gleich darüber unterhalten. Einfälle, Gedanken und Empfindungen austauschen. Ich habe gelernt, dass man bei Gesprächen über Gedichte nichts falsch machen kann, weil falsch und richtig keine Kriterien für Kunst sind. Vielleicht mögen Sie das Gedicht ja überhaupt nicht, das ich so mag. Das macht nichts. Dann ist das so.

Thoor hat *In einem Haus* ziemlich zum Ende seines Lebens geschrieben. Aber dieser biographische Hinweis bedeutet nun nichts mehr. Man muss sein Leben nicht extra kennen für dieses Gedicht. Es kann alles alleine.

In einem Haus

In einem Haus, auf feinem Tannenreiser,
sitzen ein Bettelmann und ein Kaiser.

Beide summen und lachen und trinken
und reden laut und leise und winken.

Ein volles Jahr rollt über das Dach.
Ein volles Jahr rollt über das Dach.

Biographische Angaben, auch ohne besondere Kennzeichnung im Vortrag, stammen durchweg aus Peter Hamms Nachwort seiner Thoor-Gedichtsammlung. Außerdem Hinweise aus dem Brief Johannes Bobrowskis an Michael Hamburger vom 28.11. 1963, zitiert in: J.B., Gesammelte Werke, Band IV, Union Verlag, Berlin, 1987, 397-400.

Ferdinand Ahuis

Stufengedicht[1]

von Hermann Hesse

Wie jede Blüte welkt und jede Jugend   A
Dem Alter weicht, blüht jede Lebensstufe,   B
Blüht jede Weisheit auch und jede Tugend   A
Zu ihrer Zeit und darf nicht ewig dauern.   C
Es muß das Herz bei jedem Lebensrufe   B
Bereit zum Abschied sein und Neubeginne,   D
Um sich in Tapferkeit und ohne Trauern   C
In andre, neue Bindungen zu geben.   E
Und jedem Anfang wohnt ein Zauber inne,   D
Der uns beschützt und der uns hilft, zu leben.   E

Wir sollen heiter Raum um Raum durchschreiten,   A
An keinem wie an einer Heimat hängen,   B
Der Weltgeist will nicht fesseln und uns engen,   B
Er will uns Stuf´ um Stufe heben, weiten.   A
Kaum sind wir heimisch einem Lebenskreise   C
Und traulich eingewohnt, so droht Erschlaffen,   D
Nur wer bereit zu Aufbruch ist und Reise,   C
Mag lähmender Gewöhnung sich entraffen.   D

Es wird vielleicht auch noch die Todesstunde   A
Uns neuen Räumen jung entgegensenden,   B
Des Lebens Ruf an uns wird niemals enden ...   B
Wohlan denn, Herz, nimm Abschied und gesunde!   A

Hermann Hesse

(1941)

---

1. Hermann Hesse, Das Glasperlenspiel. Versuch einer Lebensbeschreibung des Magister Ludi Josef Knecht samt Knechts hinterlassenen Schriften, ST 79, Frankfurt a.M. 1973

1.

Es waren eher Aphorismen aus diesem Gedicht, in Predigten und Vorträgen zitiert, die mich auf diesen Text aufmerksam gemacht haben:

Und jedem Anfang wohnt ein Zauber inne,
Der uns beschützt und der uns hilft, zu leben.

Nur wer bereit zu Aufbruch ist und Reise,
Mag lähmender Gewöhnung sich entraffen.

Wohlan denn, Herz, nimm Abschied und gesunde!

Was war es mehr – die Lebensweisheit, die sich in diesen Worten ausdrückt, oder der Appell an die eigene Seele? Was war es mehr – die poetische Beschreibung abrahamitischer Existenz: „Nur wer bereit zu Aufbruch ist und Reise ..." und das Zurückgeworfensein in die Urerfahrung des Anfangs: „Und jedem Anfang wohnt ein Zauber inne ..." oder die Einfachheit der Sprache, die das zum Ausdruck bringt, was jeder Mensch erfährt: das Leben gliedert sich in Kindheit, Jugend, Erwachsensein und Alter?

Dieses Thema hatte mich als Theologen zum ersten Mal vor etwa dreißig Jahren gepackt. Ich stand an einer wichtigen Station meines Lebens: die Hochzeit stand bevor, ebenso das Zweite Theologische Examen und die Promotion. Kindheit, Jugend und Studium galt es für meine Frau und mich hinter uns zu lassen. Wir stellten uns ein auf einen neuen Lebensabschnitt: Ehe, Familie, Gemeinde. Mir ist damals das Buch meines Doktorvaters *Claus Westermann* wichtig geworden: „Der Segen in der Bibel und im Handeln der Kirche," geschrieben 1968 in Heidelberg mitten in den Studentenunruhen.

In diesem Buch kommt er auf die Bedeutung des Segens in den *Übergangsriten* zu sprechen, die das menschliche Leben begleiten: anlässlich der Geburt, der Pubertät, der Eheschließung und des Todes. *Arnold van Gennep* hatte diesen Begriff in seinem Buch „Les rites de passage" geprägt, das 1909 in Paris erschien und erst 1987 ins Deutsche übersetzt wurde. An jeder dieser Begehungen im menschlichen

Leben kommt es zu Trennungen, Übergängen, Anpassungen an Neues. Jeder Mensch beschreitet auf diesem Weg Stufen, die auf den Höhepunkt des Lebens führen und wieder hinab. Zahlreich sind bildliche Darstellungen dieser Stufen des Lebens. Mit Taufe, Konfirmation, Trauung und Beerdigung ist die Kirche an diesen Wendepunkten im Leben eines Menschen und der für ihn wichtigen Menschen tätig. Wichtig ist dabei vor allem der Segen. Merkwürdigerweise hat die christliche Theologie das Gewicht dieser lebenbegleitenden Riten und auch des Segens erst spät entdeckt, im Grunde erst mit der ersten Meinungsumfrage der EKD im Jahre 1971 „Wie stabil ist die Kirche?" Ein wichtiges Ergebnis dieser Umfrage war: Für viele Kirchenmitglieder sind Taufe, Konfirmation, Trauung und Beerdigung die Gottesdienste, die sie an die Kirche binden, nicht nur wegen des Segens, sondern auch deshalb, weil menschlicher Lebenszyklus ebenso wie der individuelle Lebenslauf von Menschen Berücksichtigung findet. Dies wurde durch weitere Umfragen etwa zehn und zwanzig Jahre später bestätigt.

Wie wichtig die Beschäftigung mit den Stufen des Lebens für ein breites lesendes Publikum war und ist, zeigt die Reihe „Stufen des Lebens", die zwischen 1977 und 1992 im Kreuz-Verlag in Stuttgart erschien und in der Tobias Brocher mit seinem vielbeachteten Beitrag unter eben diesem Titel „Stufen des Lebens" den Anfang machte. Das Buch sollte bis 1992 in zehn Auflagen erscheinen. Merkwürdigerweise aber waren gerade die Gottesdienste aus bestimmtem lebensgeschichtlichen Anlass, die Kasualgottesdienste also oder die „occasional services", wie die Amerikaner sagen, von der Theologie eher vernachlässigt worden. So schrieb ich 1985 ein viel beachtetes Lehrbuch zu genau diesem Thema: Der Kasualgottesdienst.[2]

2.

Das Stufengedicht von Hermann Hesse habe ich in diesem Buch noch nicht erwähnt, obwohl jenes es verdient gehabt hätte. Denn in meisterhafter Weise hat Hesse in 22 Zeilen die Lebensstufen von der Jugend bis zum Tode beschrieben. In vielen Abdrucken ist der Text in

---

2. Ferdinand Ahuis, Der Kasualgottesdienst. Zwischen Übergangsritus und Amtshandlung, CThM C 12, Stuttgart 1985

drei Strophen untergliedert (Strophe 1: zehn Zeilen; Strophe 2: acht Zeilen; Strophe 3: vier Zeilen). Man hat in der Abfolge dieser Strophen die Bewegtheit der ausufernden Jugend, die Beruhigung in der mittleren Lebensphase und das endgültige Zurruhekommen des Menschen im Alter angesichts des Todes erkennen wollen. Für diese Auffassung spricht die Verteilung der Reime: In der ersten Strophe sind fünf Kreuzreime in unterschiedlicher Weise miteinander verwoben: a-b-a-c-b-d-c-e-d-e (das Revoltieren der Jugend mit ihren Aufbrüchen zur Sprache bringend), die zweite Strophe beginnt mit einem umarmenden Reim: a-b-b-a und schließt mit Kreuzreimen: c-d-c-d (in der mittleren Lebensphase tritt eine gewisse Ruhe ein, die aber nicht ungestört bleibt), während die dritte Strophe nur noch aus einem umarmenden Reim besteht: a-b-b-a (die Ruhe des Alters).

Wenn Sie allerdings die Struktur der Reime betrachten, wie ich sie rechts neben dem Stufengedicht abgedruckt habe, dann nehmen Sie in der ersten Strophe einen stufenförmigen Aufbau wahr, was noch deutlicher wird, wenn Sie das Textblatt um 90 Grad nach links drehen. In der zweiten Strophe nehmen Sie zunächst einen Bogen a-b-b-a wahr und dann wieder Stufen. Der in sich ruhende Lebensbogen wird noch einmal durchbrochen, bevor Sie in der dritten Strophe nur noch den Bogen finden.

Man hat gefragt, warum Hesse in der ersten Strophe zehn Zeilen dichte und nicht zwölf, sodass ein Gleichmaß entstanden wäre: zwölf - acht - vier Zeilen. Aber wer sagt denn, dass Hesse überhaupt dieses Gleichmaß wollte? Und vielleicht ist gerade die Verwendung von fünf mal zwei Zeilen Absicht. Denn nach der Zahlensymbolik ist fünf die Zahl des Lebens, die Zahl der Blüte und des Aufbegehrens gegen die Ordnung. Die Zahl vier hingegen ist die Zahl der Ordnung und die Zahl acht die Zahl der Gnade. Hesse fordert die Analyse seiner Gedichte bis ins Kleinste heraus. Im ersten Abschnitt seines Glasperlenspiels macht er deutlich, wie sehr für eine zukünftige Gesellschaft und Wissenschaft eine Sprache denkbar wäre, die wie eine mathematische Formel dargestellt werden könnte. Die Väter der Linguistik, Wittgenstein, Propp und Chomsky verfolgen diesen Weg konsequent. Die Computersprache basiert auf ganz elementaren mathematischen Zeichen. In jedem Fall: In der ersten Strophe bringt Hesse die Symbolik der Fünfzahl mit dem Inhalt zur Deckung: mit der Blüte und Unrast der Jugend. Aber nicht nur für die Jugend ist diese Unrast typisch, sondern sie wiederholt sich noch einmal in jeder Altersstufe, gerade an den Wendepunkten des Lebens, bevor sie zur Ruhe kommt:

> *Wie jede Blüte welkt und jede Jugend*
> *dem Alter weicht, blüht jede Lebensstufe ...*
>
> *Es muss das Herz bei jedem Lebensrufe*
> *Bereit zum Abschied sein und Neubeginne ...*
>
> *Und jedem Anfang wohnt ein Zauber inne,*
> *Der uns beschützt und der uns hilft zu leben.*
>
> *Wir sollen heiter Raum um Raum durchschreiten,*
> *an keinem wie an einer Heimat hängen,*
> *Der Weltgeist will nicht fesseln und uns engen,*
> *Er will uns Stuf' um Stufe heben, weiten.*

Ganz gewiss geht es auf den Stufen des Lebens um Reifung, um Erlangung von Weisheit. Aber die Erfahrung der Jugend, die Bereitschaft, aufzubrechen und „heiter Raum um Raum (zu) durchschreiten," kann sich auch noch in der Stunde des Todes wiederholen:

> *Es wird vielleicht auch noch die Todesstunde*
> *Uns neuen Räumen jung entgegensenden,*

Die Jugend wird als Inbegriff des Lebens erfahren.[3] Der Ruf dieses Lebens reicht bis in die Todesstunde hinein:

> *Des Lebens Ruf an uns wird niemals enden ...*

Auf dieser Erkenntnis basiert die Ermunterung an das eigene Herz:

> *Wohlan denn, Herz, nimm Abschied und gesunde!*

---

3. „Mit der Reife wird man immer jünger. Es geht mir so, obwohl das wenig sagen will, da ich das Lebensgefühl meiner Knabenjahre im Grunde stets beibehalten habe und mein Erwachsensein und Altern immer als eine Art Komödie empfand." (H. Hesse, Mit der Reife wird man immer jünger, it 2311, Frankfurt/M. und Leipzig 1990, S. 55)

Hermann Hesse hat dieses Gedicht 1941, im Alter von 64 Jahren, geschrieben, in einem Lebensalter, da man an den Ruhestand denkt, an den letzten Abschnitt des Lebens.

3.

Mir ist dieses Gedicht im Herbst 2000 wieder in die Hand gefallen anlässlich der Vorbereitung der Beerdigung einer Frau, der dieses Gedicht wichtig geworden war auf ihrem Lebensweg von mehr als acht Jahrzehnten. Sie hatte sich eine erstaunliche jugendliche Frische bewahrt in einem Leben, das voll von Aufbrüchen gewesen war, vergleichbar den Aufbrüchen Abrahams, aber auch Saras oder Hagars. Abrahamitische Existenz.

Genau in diese Zeit fiel die Anfrage der Evangelischen Akademie, ob ich bereit wäre, an einem der Abende des Jahres 2001 zum Thema „Theo-Poesie" mitzuwirken. Wenig später habe ich den tiefsten Einschnitt in meiner Biografie erlebt, als in meinem linken Oberschenkel ein Weichteil-Tumor diagnostiziert wurde und ich mich einer großen Operation unterziehen musste:

> *Es muss das Herz bei jedem Lebensrufe*
> *Bereit zum Abschied sein und Neubeginne,*
> *Um sich in Tapferkeit und ohne Trauern*
> *In andre, neue Bindungen zu geben.*

Das Stufengedicht Hermann Hesses ist mir damals in neuer Weise wichtig geworden; es hat mich angesprochen, mich bei meinem Aufbruch in eine neue Lebensphase begleitet und ermutigt. Es hat mir Kraft gegeben auf dem Weg der Gesundung.

Als ich kürzlich meine Spielgefährtin seit Sandkastenzeiten besuchte, fand ich dieses Gedicht an einer Schranktür in ihrer Küche. Für sie wurde dieses Gedicht wichtig in einer Lebensphase, in der ihr Mann sie nach 33-jähriger Ehe verlassen hat und sie nun umgekehrt den Aufbruch in eine neue Lebensphase wagt: „Wohlan denn, Herz, nimm Abschied und gesunde." Im Internet fand ich das Stufengedicht gar als Gebetstext für Jugendgottesdienste angegeben.

Sie sehen an diesen Ausführungen, wie wichtig das Stufengedicht Hermann Hesses für viele Menschen lebensgeschichtlich geworden ist. Hesse ist für sie geradezu zum Seelsorger geworden mit diesen Worten, die mehr zuhören, als dass sie reden und die das menschliche Herz in einen Zustand versetzen, dass es sich getröstet, ermutigt fühlt.

4.

Hesse hat das Stufengedicht nicht als separates Gedicht verfasst, sondern für seinen „Versuch einer Lebensbeschreibung des Magister Ludi Josef Knecht samt Knechts hinterlassenen Schriften," überschrieben „Das Glasperlenspiel". Das Stufengedicht zählt zu Knechts hinterlassenen Schriften; es wird interpretiert in einem Gespräch zwischen Josef Knecht und seinem Stellvertreter, dem Repetenten Tegularius, in dem letzten Abschnitt des Buches. Dieser trägt die Überschrift „Die Legende".

Der Dichter verzichtet in diesem Abschnitt darauf, „eine eigene Darstellung von des Magisters letzten Tagen zu geben"[4], sondern beschließt sein Buch mit der „Legende vom Glasperlenspielmeister", welche – so die Vermutung des Dichters – „ein paar bevorzugte Schüler des Dahingegangenen zu Verfassern hat"[5].

Josef Knecht, Gegenbild zu dem Wilhelm Meister Goethes und vielleicht auch zu dem zeitgleich entstandenen Josephroman Thomas Manns, hat sich entschlossen, Abschied zu nehmen von seinem Berufsleben als Magister in einem Kloster. Sein schriftlicher Antrag ist zwar abgelehnt worden, aber Knecht bleibt trotzdem fest entschlossen, seinen Weg zu gehen. Wenig später, seinen neuen Lebensabschnitt vor Augen, ist er gestorben.

---

4. Glasperlenspiel, S. 407
5. Ebda.

Vor seinem Abschied – so die Legende – erinnert sich Knecht eines seiner eigenen Gedichte. Zunächst sind es nur Aphorismen, Satzfetzen. Er kann sich nicht erinnern, bei welchem Dichter er sie einst gelesen hatte:

> *Denn jedem Anfang ist ein Zauber eigen ...*

dann genauer:

> *Und jedem Anfang wohnt ein Zauber inne,*
> *Der uns beschützt und der uns hilft, zu leben.*

Und dann der Schluss des Gedichts:

> *Wohlan denn, Herz, nimm Abschied und gesunde!*

Knecht bestellt seinen Stellvertreter Tegularius zu sich, eröffnet ihm, dass er für unbestimmte Zeit verreisen müsse, regelt die Übergabe der Dienstgeschäfte. Er spürt aber auch, dass es dies allein nicht sein kann und kommt auf dieses Gedicht zu sprechen. Dieses oder einige Verse daraus seien ihm eingefallen. Vielleicht wisse er, Tegularius, wo das Ganze zu finden sei.

Tegularius erinnert sich schnell: Knecht selbst hat es vor Jahren gedichtet und es ihm, Tegularius, zusammen mit den Urhandschriften anderer Gedichte geschenkt. Darunter auf zwei Seiten die erste Niederschrift unseres Gedichts.

Knecht erinnert sich ebenso: Als Student, während seines Aufenthalts im ostasiatischen Studienhaus[6] hatte er die beiden Blätter mit den Verszeilen beschrieben. Keine Reinschrift, sondern die Urschrift mit jugendlicher Handschrift, mit Streichungen und Korrekturen im Text. Knecht erinnert sich an den besonderen Tag, an dem er das Gedicht geschrieben hatte. Es war einer der Tage gewesen, an welchen ihm das seelische Erlebnis zuteil geworden war, das er „Erwachen" nannte.[7] Das Gedicht trug damals noch eine andere Überschrift: „Transzendieren!" Später erst war diese Überschrift ersetzt worden durch „Stufen".

---

6. Dazu: Glasperlenspiel, S. 132, I Ging - Buch der Wandlungen, Erwachen
7. Glasperlenspiel, S. 410

Es ist die Frage, wie weit wir diese Bemerkungen auf die Biografie Hesses übertragen dürfen.[8] Auf seine Biografie ist dieser, wie *Wilhelm Hausenstein* in seiner frühen Rezension aus dem Jahre 1946 es nennt, „helfende Roman"[9] gewiss bezogen, aber auch auf die Biografien anderer Menschen. Hesse suchte nach Lesern, die ihn verstanden, denen er zu einem Mitleidenden und Miterwachenden werden konnte.[10] So konnte auch das, was für den jugendlichen Josef Knecht wichtig gewesen war, für jeden Menschen wichtig werden: dieser jugendliche Zuruf und Befehl, diese Mahnung an sich, der ihm ein neu formulierter und bekräftigter Vorsatz gewesen ist, sein Tun und Leben unter dieses Zeichen zu stellen und es zu einem Transzendieren, einem entschlossenheitern Durchschreiten, Erfüllen und Hintersichlassen jedes Raumes, jeder Wegstrecke zu machen.[11] Hinter dem Stufengedicht steht ebenso wie überhaupt hinter dem „Glasperlenspiel" etwas Tröstliches, und dieses Tröstliche hat einen Grund: den Weltgeist:

Der Weltgeist will nicht fesseln und uns engen,
Er will uns Stuf´ um Stufe heben, weiten.

Es wäre verfehlt, diesen Weltgeist definieren zu wollen. Wir werden an Hegel erinnert, aber auch an Hermann Hesses Indienaufenthalt und an den indischen Lebenslauf, welcher aus Josef Knechts Nachlass dem Glasperlenspiel beigefügt ist. Hesse hat das Glasperlenspiel „Den Morgenlandfahrern" gewidmet. Hesse hat so etwas wie eine Welteinheitsreligion vor Augen gehabt. Er ist darin von den einen kritisiert worden, andere applaudierten ihm. Die Wiedergeburt der Mystik in unserer Zeit hat Hermann Hesse auch viele neue Leserinnen und Leser zugeführt, dem meistgelesenen deutschsprachigen Autor des 20. Jahrhunderts. Es soll uns reichen, nur diesen einen Satz im Stufengedicht zu hören:

---

8. Hierzu: C.E. Seeger, Biography, Historiography, and the Philosophy of History in Hermann Hesse's *Die Morgenlandfahrt* and *Das Glasperlenspiel*, Stuttgart 1999
9. Vgl. Maria-Felicitas Herford, Erläuterungen zu Hermann Hesse, Das Glasperlenspiel, Königs Erläuterungen und Materialien S. 316, Hollfeld 2001, 80
10. Glasperlenspiel, S. 419
11. Glasperlenspiel, S. 411

Der Weltgeist will nicht fesseln und uns engen,
Er will uns Stuf´ um Stufe heben, weiten.

Der Weltgeist ist der Motor, der uns nicht verweilen und auf der Stelle treten lässt, sondern der uns vorantreibt, Stufe um Stufe. So bleibt es auch nicht bei dem Bild des Menschen, der in der Mitte seines Lebens den Höhepunkt seines Lebensbogens erreicht und dann Stufe um Stufe wieder herabsteigt – dem Tode entgegen. So sehr dies für das äußere Leben stimmt, Hesse kommt es auf die Stufen des inneren Lebens an, und da sieht er einen ständigen Aufstieg, motiviert durch den Ruf des Weltgeists. Der zum Aufbruch rufende Weltgeist, wir können in ihm auch Jahwe, den Gott Israels, wieder entdecken, den Gott Abrahams, den Gott, der Visionen wach hält und Menschen träumen, aber auch erwachen und aufbrechen lässt, den Gott Jakobs, aber auch den Gott der Befreiung, der Israel aus der Sklaverei in Ägypten führte, den Gott, der menschliche Hierarchien infrage stellte, aber auch ein Leben in ihnen ermöglichte. Den Gott, dessen Geist schon am Anfang der Schöpfung über den Wassern schwebte und dessen Geist Sprachbarrieren überwand und Menschen einander näher brachte.

5.

Hesse stellt das Verständnis seines Stufengedichts auch zur Diskussion. Josef Knecht fragt Tegularius in dem Abschiedsgespräch, wie ihm diese Verse heute vorkämen, ob sie ihm noch etwas sagten. Hier die Interpretation des Gedichts durch den Repetenten Tegularius in der Erinnerung jener Schüler, gewissermaßen der Beginn der Interpretationsgeschichte des Stufengedichts:

Mir ist es gerade mit diesem Gedicht immer eigentümlich gegangen. Das Gedicht gehört zu den wenigen von euch, das ich eigentlich nicht mochte, an denen irgendetwas mich abstieß oder störte. Was es sei, wusste ich damals nicht. Heute glaube ich es zu sehen. Euer Gedicht, Verehrter, das ihr mit dem Marschbefehl 'Transzendieren!' überschrieben und dessen Titel ihr später, Gott sei Dank, durch einen sehr viel besseren ersetzt habet, hat mir nie so recht gefallen, weil es etwas Befehlendes, Moralisierendes oder Schulmeisterliches hat. Könnte man ihm dieses Element nehmen oder vielmehr diese Tünche abwaschen, so wäre es eines Eurer schönsten Gedichte, das habe ich soeben wieder bemerkt. Sein eigentlicher Inhalt ist mit dem Titel 'Stufen' nicht schlecht angedeutet; ihr hättet aber ebenso gut und noch besser 'Musik' oder 'Wesen der Musik' darüber schreiben können. Denn nach Abzug jener moralisierenden oder predigenden Haltung ist es recht eigentlich eine Betrachtung über das Wesen der Musik, oder meinetwegen ein Lobgesang auf die Musik, auf ihre stete Gegenwärtigkeit, auf ihre Heiterkeit und Entschlossenheit und Bereitschaft zum Weitereilen, zum Verlassen des eben erst betretenen Raumes oder Raumabschnittes.[12]

Wäre es bei dieser Betrachtung oder diesem Lobgesang über den Geist der Musik geblieben, hättet ihr nicht, offenbar schon damals von einem Erzieherehrgeiz beherrscht, eine Mahnung und Predigt daraus gemacht, so könnte das Gedicht ein vollkommenes Kleinod sein. So wie es vorliegt, scheint es mir nicht nur zu lehrhaft, zu lehrerhaft, sondern es scheint mir auch an einem Denkfehler zu kranken. Es setzt, lediglich der moralischen Wirkung wegen, Musik und Leben einander gleich, was mindestens sehr fragwürdig und bestreitbar ist, es macht aus dem natürlichen und moralfreien Motor, der die Triebfeder der Musik ist, ein 'Leben', das uns durch Zurufe, Befehle und gute Lehren erziehen und entwickeln will. Kurz, es wird in diesem Gedicht eine Vision, etwas Einmaliges, Schönes und Großartiges zu Lehrzwecken verfälscht und ausgenutzt, und dies ist es, was mich schon immer dagegen eingenommen hat.

Knecht antwortet, Tegularius teils zustimmend, teils ihn korrigierend, mit einer eigenen Interpretation:

Das 'Durchschreiten der Räume' und der Grundgedanke meiner Verse kommt, ohne dass ich es wusste oder beachtete, in der Tat von der Musik her. Ob ich den Gedanken verdorben

---

12. Glasperlenspiel, S. 411f

oder die Musik verfälscht habe, weiß ich nicht; vielleicht hast du recht. Als ich die Verse machte, handelten sie ja schon nicht mehr von der Musik, sondern von dem Erlebnis, dem Erlebnis nämlich, dass das schöne musikalische Gleichnis mir seine moralische Seite gezeigt hatte und zur Weckung und Mahnung, zum Lebensruf in mir geworden war. Die imperative Form des Gedichtes, die dir besonders missfällt, ist nicht Ausdruck eines Befehlen- und Belehrenwollens, denn der Befehl, die Mahnung ist nur an mich selbst gerichtet. ... Also ich habe eine Einsicht, eine Erkenntnis, ein inneres Gesicht erlebt und möchte den Gehalt und die Moral dieser Einsicht mir selber zurufen und einhämmern. Darum ist das Gedicht mir auch, obwohl ich es nicht wusste, im Gedächtnis geblieben. Mögen diese Verse nun gut oder schlecht sein, ihren Zweck haben sie also erreicht, die Mahnung hat in mir fortgelebt und ist nicht vergessen worden. Heute klingt sie mir wieder wie neu; das ist ein schönes kleines Erlebnis, dein Spott kann es mir nicht verderben. Aber es ist Zeit aufzubrechen. Wie schön waren jene Zeiten, Kamerad, wo wir, beide Studenten, es uns des Öfteren erlauben durften, die Hausordnung zu umgehen und bis tief in die Nächte hinein im Gespräch beisammenzubleiben. Als Magister darf man das nicht mehr, schade!

Aber verweilen wir noch einen Augenblick bei dieser Interpretation: Es klingt bei mir der Anfang des 103. Psalms mit, auch eine Aufforderung an das eigene Herz, die eigene Seele, mit lauter schönen Lebensbildern, die unvergesslich bleiben: „Lobe den Herrn, meine Seele, und vergiss nicht, was er dir Gutes getan hat!"[13]

Als Knecht sich unangemeldet zum Ordensmeister begibt und in einer Ruhezelle warten muss, kommen ihm im Anschluss an das Gedicht weitere Gedanken:

So war sein Weg denn im Kreise gegangen, oder in einer Ellipse oder Spirale, oder wie immer, nur nicht geradeaus, denn

---

13. Glasperlenspiel, S. 413

das Geradlinige gehörte offenbar nur der Geometrie, nicht der Natur und dem Leben an. Die Selbstermahnung und Selbstermutigung seines Gedichtes aber hatte er, auch nachdem er das Gedicht und sein damaliges Erwachen längst vergessen hatte, treulich Folge geleistet, nicht vollkommen zwar, nicht ohne Zögerungen, Zweifel, Anwandlungen und Kämpfe, aber durchschritten hatte er Stufe um Stufe, Raum um Raum, tapfer, gesammelt und leidlich heiter, nicht so strahlend wie der alte Musikmeister, doch ohne Müdigkeit und Trübung, ohne Abfall und Untreue. ... Wenn es schon kein Gehen, sondern nur ein Geführtwerden, wenn es schon kein eigenmächtiges Transzendieren gab, sondern nur ein Sichdrehen des Raumes um den in der Mitte Stehenden, so bestanden die Tugenden dennoch und behielten ihren Wert und ihren Zauber, sie bestanden im Jasagen, statt Verneinen, im Gehorchen, statt Ausweichen und vielleicht auch ein wenig darin, dass man so handelte und dachte, als sei man Herr und aktiv, dass man das Leben und die Selbsttäuschung, diese Spiegelung mit dem Anschein von Selbstbestimmung und Verantwortung, ungeprüft hinnahm, dass man aus unbekannten Ursachen eben doch mehr zum Tun als zum Erkennen, mehr triebhaft als geistig geschaffen war. Oh, hierüber ein Gespräch mit Pater Jakobus haben zu können![14]

Pater Jakobus steht für Jakob Burkhardt, den großen Geschichtswissenschaftler. Es geht in der Tat um das Geschichtsverständnis. Wie ist Geschichte zu sehen? Linear, zielgerichtet, oder zyklisch, sich im Kreise drehend? Früher war man es gewohnt, das lineare Geschichtsbild als das jüdisch-christliche anzusehen und das zyklische als das heidnische. Wir sind da sehr viel vorsichtiger geworden angesichts der Erfahrungen, die wir machen von einer Generation zur anderen. In der Erfahrung von Geborenwerden und Sterben, von Reifen und Ernten, von Heiraten und Trauern nehmen wir Wiederholungen wahr, die uns das Leben erleichtern.

---

14. Glasperlenspiel, S. 417

Diese Erfahrungen haben es sicher auch mit Heimat zu tun. Und die Sehnsucht nach Beheimatung ist, wie der amerikanische Soziologe Richard Sennett in seinem Buch „Der flexible Mensch" zeigt, groß. Der Mensch, der seine Biografie nicht mehr auf die Reihe bekommt, sehnt sich nach einer Beheimatung, in der er Ruhe findet, nach Erfahrungen auch, die alle Menschen miteinander verbinden.

6.

Doch gerade vor diesen Tendenzen warnt Hermann Hesse auch. Heimat kann nicht das letzte Wort sein. Wir müssen bereit zum Aufbruch bleiben, uns vom Weltgeist rufen zu lassen.

Das schreibt der Dichter, der seine Geburtsstadt Calw zwar bis an sein Lebensende geliebt hat, der aber durch den Vater, einen gebürtigen Balten, vom schwäbischen Pietismus geprägt gewesen war, und dazu gehörte auch die Bereitschaft, aufzubrechen, sich senden zu lassen in die weite Welt. Der Vater war Missionar in Indien gewesen, der Großvater mütterlicherseits ebenso: es war der namhafte Indologe Hermann Gundert. Schon im Alter von vier Jahren erster Aufbruch: der Vater unterrichtet bei der Basler Mission und erwirbt die Schweizer Staatsangehörigkeit. Im Alter von neun Jahren Rückkehr der Familie nach Calw. Dann 1890, im Alter von dreizehn Jahren, Wechsel zur Lateinschule nach Göppingen, dort ein Jahr danach Württembergisches Landesexamen, die Voraussetzung für die kostenlose Ausbildung zum evangelischen Theologen im „Tübinger Stift". Damit Hesse diesen Ausbildungsweg überhaupt einschlagen konnte, erwarb sein Vater ihm als einzigem Mitglied seiner Familie die deutsche Staatsangehörigkeit.

Im Evangelischen Klosterseminar in Maulbronn, wieder von der Familie getrennt, hielt der 14-Jährige es nur ein halbes Jahr lang aus. Ich will nicht ins Detail gehen. 1912 sollte der 35-Jährige Deutschland für immer verlassen und nach Bern übersiedeln.

Bewegter Lebenslauf: 1904, im Alter von 27 Jahren, erste Ehe, 1919 Trennung von seiner ersten Frau, die in einer Nervenheilanstalt interniert war. Unterbringung der drei Kinder bei Freunden.

1923 Scheidung der Ehe.
1917 Verwendung des Pseudonyms Emil Sinclair.
1924 Wiederannahme der Schweizer Staatsbürgerschaft
1924 zweite Ehe; 1927 deren Scheidung.
1931 dritte Ehe mit der Kunsthistorikerin Ninon Golbin, geb. Ausländer.
Kein zyklischer Lebenslauf, sondern ein Lebenslauf, der bestimmt war vom Transzendieren, von einem immer neuen Erwachen.
1911 Indienreise mit dem befreundeten Maler Hans Sturzenegger.
Immer neues Bereitsein zum Aufbruch. Immer neues Bereitsein, für diese bewegte Lebensgeschichte Biogaphien zu schreiben.

7.

Hermann Hesse bietet zahlreiche geschriebene Lebensläufe als Interpretationshintergrund für sein Stufengedicht an. Nicht nur den Versuch der Lebensbeschreibung des Magister Ludi Josef Knecht, sondern auch die drei Lebensläufe, die Josef Knecht hinterlassen hatte. Als Schüler, dem es verboten war zu dichten, war es Jahr um Jahr seine Aufgabe gewesen, einen Lebenslauf zu schreiben. So sind drei Lebensläufe entstanden: Der Regenmacher, der Beichtvater und der indische Lebenslauf. Unterschiedliche kultur- und religionsgeschichtliche Stufen werden durchlaufen, die heidnische, die christliche und die brahmanische. Am Ende des Regenmachers steht das Lebensopfer Josef Knechts, im Mittelpunkt des zweiten Lebenslaufs der Beichtvater, dessen große Begabung im Zuhören, im aktiven Zuhören, in der Zuwendung zum Einzelnen, aber nicht im Ratgeben und erst recht nicht im Moralisieren besteht und damit ein Modell abgibt für spätere Seelsorge.[15] Und schließlich der indische Lebenslauf: Josef Knecht wird nach einer Reise von Aufbrüchen, Beheimatungen und Erwachen vom Yogin als Schüler aufgenommen – wortlos, nur durch einen verstehenden Blick, „der eine Spur von wohl wollender Teilnahme und die Andeutung einer zwischen ihnen entstandenen Beziehung enthielt"[16].

---

15. E.Drewermann, Das Individuelle gegen das Normierte verteidigen, in: Ders., Das Individuelle verteidigen, Zwei Aufsätze zu Hermann Hesse mit einem Nachwort von Volker Michels, ST 2458, Frankfurt/M. 1995.
16. Glasperlenspiel, S. 613

8.

Schluss: Knecht beschreibt seinen Weg als „einen Weg des Eigensinns".[17]

Im Gespräch mit Meister Alexander im Kloster:

Aber ich muss euch nach sagen, welche Bedeutung seit den Studentenjahren und dem 'Erwachen' für mich das Wort Transzendieren gehabt hat. Es war mir, glaube ich, beim Lesen eines aufklärerischen Philosophen und unter dem Einfluss des Meister Thomas von der Trave zugeflogen und war mir seither, gleich dem 'Erwachen', ein rechtes Zauberwort, fordernd und treibend, tröstend und versprechend. Mein Leben, so etwa nahm ich mir vor, sollte ein Transzendieren sein, ein Fortschreiten von Stufe zu Stufe, es sollte ein Raum um den andern durchschritten und zurückgelassen werden, so wie eine Musik Thema um Thema, Tempo um Tempo erledigt, abspielt, vollendet und hinter sich lässt, nie müde, nie schlafend, stets wach, stets vollkommen gegenwärtig. Im Zusammenhang mit den Erlebnissen des Erwachens hatte ich gemerkt, dass es solche Stufen und Räume gibt und dass jeweils die letzte Zeit eines Lebensabschnittes eine Tönung von Welke und Sterbenwollen in sich trägt, welche dann zum Hinüberwechseln in einen neuen Raum, zum Erwachen, zu neuem Anfang führt. Auch dieses Bild, das vom Transzendieren, teile ich euch mit, als ein Mittel, das vielleicht mein Leben deuten hilft.[18]

---

17. Glasperlenspiel, S. 423
18. Ebda. S. 439f

Das Stufengedicht will also verstanden sein aus dem Kontext des Glasperlenspiels heraus, auf der anderen Seite verselbstständigt es sich auch; oder es verselbstständigen sich einzelne Sätze dieses Gedichts. So ist es in vollem Wortlaut auch nicht in der Lebensbeschreibung des Magisters Josef Knecht enthalten, sondern in dessen hinterlassenen Schriften. Diesem Umstand ist es vielleicht zu verdanken, dass das Stufengedicht schon im Jahre 1942 bei Fretz und Wasmuth in Zürich in einem Gedichtband erscheinen konnte, während das Glasperlenspiel als Ganzes erst ein Jahr später im selben Verlag veröffentlicht wurde, nachdem Publizierung bei S. Fischer von den Nationalsozialisten verhindert war. Schon 1946 sollte Hesse den Nobelpreis für Literatur erhalten. Im selben Jahr erst war das Glasperlenspiel in Deutschland erschienen. Mit ihm auch das Stufengedicht.

Heide Emse

Sils-Maria

von Friedrich Nietzsche

Sils-Maria

Hier sass ich wartend, wartend ... - doch auf Nichts,
Jenseits von Gut und Böse, bald des Lichts
Geniessend, bald des Schattens, ganz nur Spiel,
Ganz See, ganz Mittag, ganz Zeit ohne Ziel.
Da, plötzlich, Freundin!wurde Eins zu Zwei -:
- Und Zarathustra ging an mir vorbei ...

Dieses Gedicht möchte ich Ihnen vorstellen als mein Gedicht für diesen Abend. Ich weiß nicht, ob es sich eignet, um einen meiner „theologischen" Lieblingsgedanken zu illustrieren, ja, ob es überhaupt einen meiner „theologischen" Lieblingsgedanken transportieren will.[1] Mein Zugang zu diesem Gedicht, vielleicht zu allen Gedichten, bei denen ich hängen bleibe – und ich lese und höre gern Gedichte –, ist ein ganz anderer: Es hat mich für sich eingenommen, gleich beim ersten Lesen, und es hat mich ergriffen.

Mag sein, um noch weiter an dem Ausschreibungstext für diese Reihe entlang zu gehen, dass dies kurze Gedicht meine Wahrnehmungen zu prägen und zu verändern in der Lage ist. – Es gibt keine Rast bei einer Wanderung mit Ausblick ins Land oder übers Wasser, wo es mir nicht in den Sinn kommt. – Aber viel mehr noch finde ich in diesem Gedicht, dass es ausspricht, einfach ausspricht, was ich empfinde, besser: was mich durchzieht bei solch rastendem Blick über Land oder Wasser – da muß nicht die Gegend um Sils-Maria am Silvaplana-See sein. Es spricht dies einfach aus, wo ich es doch fast für unaussprechbar hielt, „heilig" wäre eigentlich das richtigste Wort, im Ottoschen Sinne mit Fascinosum et Tremendum. Mehr meine religiösen Gefühle

---

1. zu diesem Aufsatz: Nietzsche-Studien. Internationales Jahrbuch für die Nietzsche-Forschung, begr. von Mazzino Montinari, Wolfgang Müller-Lauter, Heinz Wenzel ..., Band 28, S. 256ff, Berlin 1999

sind es also, die dieses Gedicht erreicht, meine Spiritualität, viel eher als meine theologische Gedankenwelt, Theo-Poesie eben; ein schönes Wort für diese sechs Zeilen Sprache:

Sils-Maria

Hier sass ich wartend, wartend ... - doch auf Nichts,
Jenseits von Gut und Böse, bald des Lichts
Geniessend, bald des Schattens, ganz nur Spiel,
Ganz See, ganz Mittag, ganz Zeit ohne Ziel. ...

Die Momente, die die ersten vier Zeilen des Nietzsche-Gedichts beschreiben, gehören zu den schönsten meines Lebens – mit einer kleinen Veränderung: es müsste „Hier *sitz* ich..." heißen – möglichst nach der wohltuenden Anstrengung einer Wanderung: Die Welt mit Lärm und Anstrengung und Durcheinander und Sortieren- und Werten-müssen und Werten-wollen und Kategorisieren in gut und böse liegt hinter mir; dafür unter mir oder vor mir weit ausgebreitet die Welt, in die ich hineingeboren bin. Die Welt, die ein chassidisches Wort mir so erklärt:

Jeder Mensch braucht zwei Taschen,
in die er dann und wann greifen kann,
je nachdem, was er gerade braucht:
In der rechten Tasche muss er die Worte
'um meinetwillen wurde die Welt erschaffen'
bewahren und in der linken:
'Ich bin Staub und Asche'.

Die Momente, die die ersten vier Zeilen in Nietzsches Gedicht beschreiben, sind die wenigen, die ganz wenigen, wo die beiden Worte „Um meinetwillen ist die Welt gemacht" und „Ich bin Staub und Asche" nicht in einander gegenüberliegenden Taschen auf getrennten Zetteln sich befinden, miteinander unvereinbar, nur je einzeln nachzulesen, wo vielmehr die gegenüberliegenden Einsichten zusammenfließen, in mir eins werden: Ich – der Mittelpunkt der Welt, das Ziel und der Grund der Schöpfung – und so klein: ein winziges Sandkorn, Staub, sogar Asche angesichts dieses großen Wunders. Beides gilt, zusammen; das ist Glück. Ich bin ganz und eins und das ist klar, bin nicht nur ganz in der Schöpfung, sondern ganz Schöpfung, See und Mittag und Zenit und Zeit ohne Ziel, sie läuft nicht, sie ist. Und das Warten ist kein Warten auf, ist ein zitterndes Bleiben, Gelassensein, Geduld. Das ist Glück, ein Geschenk, heilig, für mich das Glück, das Bertold Brecht – auch sitzend – in seinem „Radwechsel" entbehrt:

Ich sitze am Straßenrand
Der Fahrer wechselt das Rad.
Ich bin nicht gern, wo ich herkomme.
Ich bin nicht gern, wo ich hinfahre.
Warum sehe ich den Radwechsel
Mit Ungeduld?

Es gibt diese Momente, dieses Glück, diese Erfahrung von Heiligkeit. Ich weiß es. Aber es sind Momente – und in solch einen Moment hinein bricht, genauso wenig machbar, wie er entstanden ist:

Da, plötzlich, Freundin! wurde Eins zu Zwei -:
- Und Zarathustra ging an mir vorbei ...

Es sind Momente des Glücks, der Erfahrung des Heiligen; sie sind begrenzt und zerbrechlich: Dies Wissen um das Ganzsein – in mir und in der Welt –, Einssein mit mir und mit der Welt fällt wieder auseinander, fast resigniert höre ich das: das, woran ich arbeite, das, womit ich mich abmühe, ist unvermittelt wieder da, fordert seinen Raum, holt mich aus dem Zauber in die Welt zurück, die für eine Weile für mich jenseits, im Jenseits war, wo ich etwas von dem erlebte, das wir als Bewohnerinnen und Bewohner dieser Welt sonst als Jenseits definieren.

Ich bin zurück in dieser Welt aus meinem Eintauchen in das Gedicht, aus meinem schaudernden Erinnerung an das, was ich in ihm beschrieben finde. Das Fragen beginnt und das genaue Hingucken:

- Da steht nicht: „Hier *sitz* ich wartend, wartend - doch auf Nichts...", sondern „Hier *saß* ich ..." und auch nicht, dass eins zu zwei wird, sondern: „Da ... *wurde* Eins zu Zwei-"

- Und das „Nichts" ist groß geschrieben wie ein Substantiv.
- Und auch das „Gut und Böse" ist groß geschrieben, kann also kaum einfach die Redewendung, dass da etwas jenseits von gut und böse sei, als die gängigen Kategorisierungen meinen.
- Und da heißt es auch nicht, dass die alltägliche Arbeit und die alltäglichen Anforderungen wieder ins Bewusstsein treten, sondern „Und Zarathustra ging an mir vorbei...", wieder im Praeteritum.
- Und was soll die unvermittelte Erwähnung der Freundin?
- Nietzsche hat dieses Gedicht geschrieben, Nietzsche der Verfasser von „Jenseits von Gut und Böse" und von „Also sprach Zarathustra".

Wann hat Nietzsche sein „Sils-Maria" eigentlich verfasst? Wie ordnet es sich zu seinen großen Schriften zu? Was wollte er mit dem Gedicht? In „Menschliches, Allzumenschliches" äußert sich Nietzsche dazu, was ein Gedicht – im Gegensatz zur Prosa – für ihn zu leisten in der Lage ist. Er sagt unter der Überschrift: „Gedanken im Gedicht":

> Der Dichter führt seine Gedanken festlich daher auf dem Wagen des Rhythmus: gewöhnlich deshalb, weil diese zu Fuß nicht gehen können.

Was sind das für Gedanken, die den Wagen des Rhythmus brauchen, weil sie zu Fuß nicht gehen können?

Das Gedicht ist veröffentlicht in den 1887 zusammengestellten „Liedern des Prinzen Vogelfrei" als Anhang an „Die Fröhliche Wissenschaft", die erstmals 1882 erschien. 1887 lag der Abschluss der Veröffentlichung von „Also sprach Zarathustra" schon zwei Jahre zurück und der von „Jenseits von Gut und Böse" ein Jahr. Die Gedanken konnten doch schon zum großen Teil in Prosa zu Fuß gehen. Und wie passt das zu Nietzsches Äußerung in seiner Vorrede zur 2. Auflage von „Menschliches, Allzumenschliches" 1886: „Alle meine Schriften sind zurückzudatieren"?

Nach dem allen müsste das Gedicht „Sils-Maria" eine echte unzeitgemäße Betrachtung sein. Solche Vermutung ist unwahrscheinlich. Und genaueres Nachgucken ergibt, dass dieses kleine Gedicht mit seinen sechs Zeilen Nietzsche offenbar acht Jahre begleitet hat; immer wieder wurde es angesehen und in Teilen umformuliert, bis es die oben zitierte letzte Form bekam.

Es sind dies entscheidende acht Schaffensjahre im Leben Nietzsches, fast deckungsgleich mit seiner sogenannten 2. Schaffensperiode; in sie hinein gehören die Veröffentlichungen „Morgenröthe", „Die fröhliche Wissenschaft", „Also sprach Zarathustra", „Jenseits von Gut und Böse" und „Zur Genealogie der Moral"; und in diese Zeit hinein gehört auch die kurze Beziehung zu Lou Salomé.

Am Anfang steht ein Vierzeiler:

> *Hier sitz ich wartend - wartend? Doch auf nichts,*
> *Jenseits von gut und böse, und des Lichts*
> *Nicht mehr gelüstend als der Dunkelheit,*
> *Dem Mittag Freund und Freund der Ewigkeit.*

Allerdings trägt er eine andere Überschrift: „Portofino" und ist eben nicht beim Blick über den Silvaplana-See bei Sils-Maria entstanden, sondern in der Nähe von Genua und Rapallo, bei dem Fischerort Portofino, beim Blick über die Adria.

1880/1881 verlebte Nietzsche auf der Suche nach einem für seine physische wie psychische Gesundheit förderlichen Klima seinen ersten Winter in dieser Gegend; von Portofino schwärmt er in Ecce Homo 1888, es sei eine „kleine vergessne Welt von Glück", und beschreibt seine Wanderungen:

> *„Den Vormittag stieg ich in südlicher Richtung auf der*
> *herrlichen Straße nach Zoagli in die Höhe, an Pinien vorbei*
> *und weitaus das Meer überschauend; des Nachmitags, so oft*
> *es nur die Gesundheit erlaubte, umging ich die ganze Bucht*
> *von Santa Margherita bis hinter nach Porto fino."*
> *(Ecce homo, Also sprach Zarathustra, 1)*

Er beschreibt sich rastend, im Präsens, die Gedanken, die ihm kommen im Anblick der Landschaft, scheinbar ziellos, das Hin und Her: wartend, warte ich wirklich? (das Fragezeichen), worauf denn, auf nichts. Wertungen und Kategorisierungen sind nicht präsent („Jenseits von gut und böse", als einfache Adjektive, klein geschrieben). Was will ich denn? Licht oder Dunkelheit? Nur eins ist klar: dem Mittag Freund, dem Zenit der Zeit, dem Wendepunkt und gleichzeitig der Ewigkeit, die Zenit und Ziel nicht aufhebt, aber doch in sich birgt, ihm eine ewige Wiederkehr garantiert.

So beschreibt Nietzsche sich rastend in Portofino, wo das Gebirge sanft ins Meer abfällt und sein Weg ins Nichts zu führen scheint. So nehme ich es wahr und fühle mich erinnert an Stimmungen, wie sie mir bei ähnlichem Rasten kommen. Doch es muss mehr darin sein, denn in seiner Beschreibung von Portofino, die ich eben aus Ecce homo zitiert habe, fährt er fort:

> *„Auf diesen beiden Wegen fiel mir der ganze erste Zarathustra ein, vor allem Zarathustra selber, als Typus: richtiger, er überfiel mich ..."*

Die Termini aus dem Gedicht bekommen einen anderen Klang; es wird nachvollziehbar, dass da Gedanken, die noch nicht zu Fuß gehen können den Wagen des Rhythmus brauchen; um sie auf den Weg zu bringen, braucht es das rhythmisierte Wort der Sprache:

„Jenseits von Gut und Böse" wird einmal Titel einer Schrift werden, veröffentlicht 1886, mit dem Programm der Umwertung aller Werte, dem Schaffen von neuen Werten, die ihm geeignet sind, das Nichts, den Nihilismus der gesamten abendländischen Kultur und des Christentums aufzudecken, ihre Sklavenmoral, die durch die Herrenmoral des Übermenschen, dessen Wille zur Macht in „Also sprach Zarathustra", veröffentlicht 1883-85, eingefordert wird, abgelöst werden muss.

Ein Jahr später, 1882, wird Nietzsche dieses in einer Erweiterung seines Vierzeilers zum Ausdruck bringen, indem er die letzte Zeile ersetzt und fortfährt:

Ganz Meer, ganz Mittag, ganz Zeit ohne Ziel
Ein Kind, ein Spielzeug
und plötzlich werden Eins zu Zwei
und Zarathustra ging an mir vorbei.

Von 1881 bis 1888 verbringt Nietzsche die Sommer im Wesentlichen in Sils-Maria. Für ihn, der sich in der „Mitte des Lebens" (nach Dante 35), also 1879, nachdem er aus Gesundheitsgründen seine Professur in Basel aufgeben musste, nicht von göttlicher oder menschlicher Liebe umgeben sah, sondern vom Tod, für ihn wurde Sils-Maria eine Art Lebenselexier. Er nennt es sein Arkadien, die Landschaft, in der er sich selbst wiederentdeckt (er spricht von der „schönsten Doppelgängerei"), und schreibt:

> „Alles gross, still und hell. Die gesamte Schönheit wirkte
> zum Schaudern und zur stummen Anbetung des
> Augenblicks ihrer Offenbarung."[2]

Diese Berglandschaft kennzeichnet Nietzsche wiederum, auch in Ecce homo („Also sprach Zarathustra", 1), als die Geburtsstätte seines Zarathustra mit dessen Grundkonzeption des „Ewige-Wiederkunft-Gedanken", der „höchste n Formel der Bejahung", die er 1881 auf ein Blatt mit der Unterschrift „'600 Fuß jenseits von Mensch und Zeit" „hingeworfen". Er schreibt von Sils-Maria:

> „Ich ging an jenem Tage am See von Silvaplana durch die
> Wälder; bei einem mächtigen pyramidal aufgetürmten Block
> unweit Surlei machte ich halt. Da kam mir dieser Gedanke."

Und er berechnet dann, dass von da aus gesehen es 18 Monate „Schwangerschaft" bedurft hätte bis zur Abfassung der Schlusspartie von „Also sprach Zarathustra" im Februar 1883. Beide Landschaften gehören für Nietzsche also zur Entwicklung seiner Ideen, wie sie vom „Zarathustra" an von ihm formuliert wurden, nachdem sie im Gedicht auf dem Wagen des Rhythmus einherkamen. Die unterschiedlichen Landschaften werden ihm fast in eins geflossen sein: die südliche

---

2. *a.a.O. Hermann Riedel, Nietzsches Gedicht Sils-Maria, Nietzsche
Studien, S. 269*

Leichtigkeit und ihre Farben und die Einsamkeit des am höchsten ge-
legenen Tals Europas, „wo sich alle Linie zwischen Nord und Süd
vereinigen, Helligkeit mit Kühle abwechselt und beständig eine sonni-
ge Oktoberluft weht".[3]

Es braucht beides: die Leichtigkeit des Südens und die große, stille
und helle Bergwelt. Er schreibt 1881 in sein Genueser Tagebuch:

> *„Wer sich im Gebirge verklettert hat, muss sich vor allem
> hüten, die Gefahr seiner Lage nicht für größer zu halten,
> als sie ist!"*

Es braucht die Leichtigkeit des Kinderspiels, das abwarten kann, das
sich Wissen und Wahrheit einverleiben kann ohne den Gedanken an
das Vorbei, vielmehr mit der selbstverständlichen Aufnahme der Erfahrung von Abschied und Wiedersehen. Und es ist nötig, dass der
Mensch sich dieser Herausforderung auch denkend und handelnd stellt,
dass er sein Leben jenseits von gut und böse entwirft. Doch gerade
dazu braucht „er den kindlichen Geist". Zu ihm muss er heranreifen,
„indem er in der Notwendigkeit des Kommens und Gehens die Un-
schuld des Werdens erkennt".[4] So kann und soll er zu dem Übermenschen werden, der sich dem „Grundwillen" von Nietzsches Erkenntnis
stellt, der weiß und aushält, „was die Welt – den Menschen einge-
schlossen – in Wahrheit ist, objektiv sinnlos". Wenn er das weiß, „dann
ist der Mensch, im vollen Zustande dieses Wissens um den wahren
Charakter der Welt, uneingeschränkt sich selbst in die Hand gegeben.
Er ist im extremsten Sinne frei."[5] Und er ist grenzenlos einsam. Er
schreibt in einem Brief: „Wenn ich Dir einen Begriff meines Gefühles
von Einsamkeit geben könnte! Unter den Lebenden so wenig als unter
den Toten habe ich jemanden, mit dem ich mich verwandt fühle. Dies
ist unbeschreiblich schauerlich."[6]

---

3. *a.a.O. Hermann Riedel*, S. 269
4. *a.a.O. Hermann Riedel*, S. 269
5. K. Schlechta, Art. Nietzsche, RGG[3], Sp. 1478, Berlin o.J.
6. zitiert nach H.J. Störig: Kleine Weltgeschichte der Philosophie, S. 371
   Fischer Taschenbuch, Frankfurt a.M., 1999

Allerdings: diese Einsicht vom Doppelten verschiebt sich. Die Zeile „Ein Kind, ein Spielzeug" wird in der endgültigen Form nicht mehr auftauchen. Sie wird qualifiziert als eine, die sich nicht mit den Gedanken, die um die Geburt des Übermenschen entwickelt wurden, verträgt. Der Denkkampf gegen das Vorbei der Zeit erfordert heroische Größe, die das Leiden am unwiederbringlich Vergangenen aushält.

Durch solches Leiden ist Nietzsche immer wieder gegangen; immer wieder wand er sich enttäuscht und empört aus der Freundschaft zu Menschen heraus. In einer Variation unseres Gedichtes, die am weitesten von der sonstigen Entwicklung abweicht, erinnert er an solch eine Beziehung und macht sein Leiden daran sehr deutlich.

Sie ist 1884 entstanden im Blick über den Vierwaldstätter See und kommt in Erinnerung an dort Geschehenes und inzwischen Vergangenes im Praeteritum daher:

> *Hier saß ich sehend, sehend - doch hinaus!*
> *Die Finger spielend im zerpflückten Strauß*
> *Und wenn die Thräne aus dem Lide quoll*
> *Schamhaft-neugierig: ach wem galt sie wohl!*
> *Da -*
> *Hier saß ich liebend, liebend - unbewegt,*
> *dem See gleich, der -*
> *Wer diesen Spiegel-See als Zauber sieht:*
> *Drin eint sich Milch und Veilchen und Granit.*

Nur der Rhythmus und die Anfangszeile dieser Variation erinnern noch an das Portofino-Gedicht. Jetzt hat es nichts Allgemeines, Exemplarisches mehr, das Geheimnisvolle hat es verloren, auch wenn allein hier vom Zauber die Rede ist und der letzte Teil eher stotternd wirkt; vieles scheint nicht ausgesprochen werden zu können.

Eine deutliche Anspielung auf eine konkrete Situation von Leid und Trauer ist da, voll Scham, kaum eingestanden: Liebend und unbewegt

– das scheint mir kaum zusammen zu passen. Und der See wie ein Trost, der die Gegensätze vereint: Milch und die zerpflückten Blumen aus dem Strauß und den Granit, den harten, nicht zerstörbaren.

Von Lou Salomé muss hier die Rede sein, von der kurzen und enttäuschten Beziehung zu ihr, wahrscheinlich von dem Freund Paul Rée genauso hintertrieben wie von Nietzsches Schwester Elisabeth. Die ewige Wiederkehr des Gleichen muss an solch einem Ort furchtbar, kaum aushaltbar empfunden werden. Da wird der See, – allein hier ist er beschrieben, weil er die scheinbar unvereinbaren Gegensätze in sich zusammenbringt, – zum Trost für den um die Überwindung des Leidens Kämpfenden.

Drei Momente dieser sonst so stark abweichenden Variation sind in die Endfassung des Gedichtes übernommen worden: Die Formulierung im Praeteritum, das fast erschrockene „Da" und die Erwähnung der „Freundin", der seelenverwandten (Nietzsche schrieb an Paul Rée: „Ich bin nach dieser Gattung lüstern"), mit der zusammen mit Paul Rée die sogenannte „Dreieinigkeit" gegründet wurde, hier nur beschrieben, dort ausgesprochen.

Wir sind am Ende der Entstehung unseres Gedichtes angekommen; bei der Fassung Sils-Maria aus den Liedern des Prinzen Vogelfrei aus dem Jahre 1887.

Es kann nach dem, was ich mir vor Augen geführt habe, jetzt nur noch in der Berglandschaft von Sils-Maria angesiedelt werden. Der Gedanke des Kampfes gegen das Leiden an dem Vorbei des Lebens und des Kämpfen-müssens eines heroischen Übermenschen ist für Nietzsche zu groß und zu wichtig geworden.

Es geht nicht mehr um den Augenblick des Erlebens, der nur im Präsens festzuhalten ist; es geht um die beschreibende Vergangenheit, in der noch gewartet wurde auf die nötige Einsicht – das Fragezeichen hinter dem zweiten „wartend" ist gefallen. Es geht nicht mehr darum, dass auf nichts gewartet wird, sondern auf die Einsicht in das Nichts (jetzt ist es groß geschrieben), in das Nichts des Sinns, in das, was Nietzsche als den Nihilismus der abendländischen Kultur und des

Christentums qualifiziert. Die ersten Gedankenanflüge aus Portofino haben Gestalt – sogar Buch-Gestalt – angenommen. Deshalb muss auch Gut und Böse jetzt groß geschrieben werden; auch dies verweist inzwischen auf ein Werk und steht für eine philosophische Gedankenkette, aufbauend auf den Einsichten aus dem Zarathustra.

Das Licht kann genossen werden, der Schatten muß mit genossen werden, weil es Licht ohne Schatten nicht gibt, weil es den Wanderer nur mit seinem Schatten gibt, weil es für einen Menschen, zumal für den Übermenschen, nur diese Zweiheit des Kampfes gibt, die Aufgabe, die unterschiedlichen Stimmen in sich zu Gehör und ins Spiel der Auseinandersetzung zu bringen; sich der Widerspruchsfülle auszusetzen, ist gerade Kennzeichen solch eines Menschen.

Deshalb beginnt mit dem „Da" nicht einfach ein resigniert festzustellender Abbruch eines Gefühls von Ganzsein und Ganz-in-der-Schöpfung, -in-Welt und -Ewigkeit-Sein, sondern der Aufbruchsruf in den Kampf, der den Übermenschen Nietzsches auszeichnet, die Folge, die sich notwendigerweise ergeben muss, wenn Zarathustra vorbeiging und seine Ideen und Entwürfe bei dem Menschen hinterließ. Ob sich in diesen Zusammenhang auch die Erwähnung der „Freundin" sehen lässt? Nicht nur als Erinnerung, die in der Variation von 1884 Gestalt annahm, sondern auch als Hinweis auf das Leiden an dem Vergangenen, das es im Kampf zu überwinden gilt, auch vielleicht darauf, dass es dieses Eins von zwei Menschen eben in dieser Vorstellung nicht geben kann und soll?

Zum Schluss noch einmal dieses wunderbare Gedicht, einfach in seiner Endfassung. Jenseits all dieser Überlegungen und Einordnungen in Nietzsches Schaffen bleibt es für mich das, was es am Anfang war: Eine bezaubernde Beschreibung dieses Glücks, das mich beschreibt, wenn ich mich eins mit der Schöpfung erfahre, dieser seltenen, wenigen Glücksmomente, bei denen alles andere hinter mir ist und nichts mehr da ist als alles: „Um meinetwillen ist die Welt gemacht" und „Ich bin Staub und Asche". Und ich weiß, dass es gut ist, dass ich bin, in Gottes guter Schöpfung bin, selber Gottes gute Schöpfung bin, zugleich ihr Zenit und ein ganz winziger Teil in ihr. Und es bedarf keines Beweises.

Lange halten diese Glückmomente nicht vor; dann zerfällt dieses Erleben von Einheit und Ganzsein. Ich muß in meine Welt zurück. Ich lebe in ihr, mit ihren Widersprüchen, ihren Ungeklärtheiten, ihrem Leiden und ihren Belanglosigkeiten. Aber ich gehe gerne, denn da ist wieder das Wissen, dass dies alles sich lohnt; und die Kraft, sie zu bebauen und zu bewahren und mich in ihr, ist auch wieder da.

Sils-Maria

Hier sass ich wartend, wartend - doch auf Nichts,
Jenseits von Gut und Böse, bald des Lichts
Geniessend, bald des Schattens, ganz nur Spiel,
Ganz See, ganz Mittag, ganz Zeit ohne Ziel.

Da, plötzlich, Freundin! wurde Eins zu Zwei -:
Und Zarathustra ging an mir vorbei ...

Entstehung des Gedichtes Sils-Maria

1881 Golf von Genua	1882	1884 Vierwaldstätter See	1887 Silvaplana-See
Portofino **Hier sitz ich wartend -** **wartend? Doch auf nichts,** **Jenseits von gut und** **böse, und des Lichts** **Nicht mehr gelüstend als** **der Dunkelheit,** **Dem Mittag Freund und** **Freund der Ewigkeit.**	*Ganz Meer, ganz* **Mittag,** *ganz Zeit ohne Ziel* *Ein Kind, ein Spielzeug* *und plötzlich werden* *Eins zu Zwei* *und Zarathustra gieng an* *mir vorbei.*	**Hier saß ich** sehend, sehend - **doch** hinaus! Die Finger spielend im zerpflückten Strauß Und wenn die Thräne aus dem Lide quoll Schamhaft-neugierig: ach wem galt sie wohl! Da - Hier saß ich liebend, liebend - unbewegt, dem See gleich, der - Wer diesen Spiegel-See als Zauber sieht: Drin eint sich Milch und Veilchen und Granit.	Sils-Maria **Hier sass ich wartend,** **wartend ... - doch auf** **Nichts,** **Jenseits von Gut und** **Böse,** bald **des Lichts** Geniessend, bald des Schattens, ganz nur Spiel, *Ganz See, ganz* **Mittag,** *ganz Zeit ohne Ziel.* *Da, plötzlich, Freundin!* *wurde Eins zu Zwei -:* *- Und Zarathustra ging an* *mir vorbei ...*

Malve Lehmann-Stäcker

Kindergebetchen

von Joachim Ringelnatz

Als ich Kind war, hatte Gott in meiner Vorstellung hauptsächlich eine Aufgabe: er passte auf, ob ich etwas Verbotenes tat. Er sah alles – wie meine Mutter – und die Androhung seiner Strafe war für mich so real wie die elterlichen Strafen. Gott war zu dieser Zeit der, den man zu fürchten und zu ehren hatte - vor allem zu fürchten. Dementsprechend waren auch meine Kindergebete. Mir machte Gott damals Angst, und die Geschichten aus der Bibel, die von einem strafenden Gott erzählten, fielen auf fruchtbaren Boden. Sie nährten meine Angst. Erst sehr viel später wurde mir klar, dass auch der alttestamentliche Gott nicht dazu da war, um ungehorsame Kinder zu züchtigen.

Mit meinem Theologiestudium wollte ich – neben vielen anderen Gründen – diesem Gott meiner Kindheit auf die „Schliche kommen", herausfinden, wer Gott nun wirklich ist. In diese Zeit fiel auch meine erste Begegnung mit Ringelnatz und seinen Gedichten. Sie sprachen meine Widerborstigkeit an und meinen Kampfgeist gegen den berühmten „Muff von tausend Jahren ...". Diesem clownesken Humor wünschte ich mir für mich selber. Er weckte in mir das rebellische Kind und war der siegreiche Gegenspieler der Angst.

Kindergebetchen[1]

> *Erstes*
>
> *Lieber Gott, ich liege*
> *Im Bett. Ich weiß, ich wiege*
> *Seit gestern fünfunddreißig Pfund.*
> *Halte Pa und Ma gesund.*
> *Ich bin ein armes Zwiebelchen,*
> *Nimm es mir nicht übelchen.*

---

1. Joachim Ringelnatz, Gedichte und Prosa in kleiner Auswahl, Diogenes Taschenbuch, S. 92, Zürich 1995

Mit Lust rezitiere ich bis heute die Kindergebetchen, nehme mich mit ihnen selbst „auf die Schippe". Sie helfen mir, unbefangen mit Gott zu sprechen über alles, was mich bewegt. Gott wird kleiner, ist nicht mehr der Übervater oder die Übermutter, eher das Kind in der Krippe. Ich kann mit ihm wachsen und so groß werden, dass ich den Bedrohungen des Lebens standzuhalten vermag.

Als Kind hätte ich dieses Gebetchen ganz sicher nicht verstanden. Zur Ironie muss man mehr als 35 Pfund auf die Waage bringen, und man muss zwischen sich und der Welt zu trennen vermögen. Heute ist das „arme Zwiebelchen" in Phasen des Selbstmitleides eine hilfreiche Distanzierung zu mir und die ironische Bitte „Nimm es mir nicht übelchen" ist eine gute Möglichkeit, die beklemmende Distanz zu Gott zu überwinden. Danach kann ich mit Gott sprechen über das, was mir fehlt, worüber ich stolz bin, was ich mir wünsche und erhoffe. Ich kann so sein, wie ich bin und darauf vertrauen, dass Gott mich auch so annimmt.

Zweites

Lieber Gott, recht gute Nacht.
Ich habe noch schnell Pipi gemacht,
Damit ich von dir träume.
Ich stelle mir den Himmel vor
Wie hinterm Brandenburger Tor
Die Lindenbäume.
Nimm meine Worte freundlich hin,
weil ich schon sehr erwachsen bin.

Das ist mein Lieblingsgedichtchen. Es ist für mich Theo-Poesie im wahrsten Sinne des Wortes. Es ist wie eine Predigt über die Segnung der Kinder: „Das Himmelreich annehmen wie ein Kind." Jeder und jede hat seine bzw. ihre Vorstellung vom Himmel, wahrscheinlich stellt sich jedoch niemand „den Himmel vor, wie hinterm Brandenburger Tor die Lindenbäume." Dabei hat das was! Es ist konkret und doch vorläufig, es akzeptiert die Trennung von Diesseits und Jenseits, weiß aber auch vom Übergang.

Als Ringelnatz dieses Gedicht schrieb, war das Brandenburger Tor noch offen, so wie jetzt auch wieder. Man konnte hindurchsehen und hindurchgehen. So stelle auch ich mir das Himmelreich vor, als einen Ort, zu dem das Tor mir offen steht. Ich schaue hinein und sehe Leben. Kinder schauen nach oben und füllen diesen Ort mit dem, was ihnen hier unten lieb ist.

Erwachsene tun dies genau so, nur dass sie es sich nicht eingestehen. Ringelnatz schafft es, dass ich mich, abgesehen von aller theologischen Redlichkeit, frage, wie denn der Himmel für mich aussehen müsste, damit ich mich in ihm wohlfühle. Und genau dann bin ich ganz bei mir und, glaube ich, auch nahe bei Gott.

Den Himmel entdecken wir, wenn wir durch die Wirklichkeit hindurch schauen. Kinder und Clowns sind uns dabei weit voraus. Beide, Kinder und Clowns, müssen nicht alles „mit dem Kopf" erklären, sondern sie leben ihre Gefühle und Träume, spielen ihre Ängste und Hoffnungen. Selbsterkenntnis und Gotteserkenntnis liegen eng beieinander.

Gott die eigenen intimsten Bedürfnisse anzuvertrauen, von ihm träumen zu wollen, sich den Himmel vorstellen zu können – das ist das Schönste, was Glauben schenken kann. Es ist ein Glaube, der die Angst überwindet, ohne die Achtung vor dem, was über uns ist, zu verlieren.

Drittes

Lieber Gott mit Christussohn,
Ach schenk mir doch ein Grammophon,
Ich bin ein ungezogenes Kind,
Weil meine Eltern Säufer sind.

Verzeih mir, daß ich gähne.
Beschütze mich in aller Not,
Mach meine Eltern noch nicht tot
Und schenk der Oma Zähne.

In diesem für mich tiefsinnigsten und auch anrührendsten Gebet hält Ringelnatz mir den Spiegel vor, und ich sehe mich mit meinen Wünschen, meinen Entschuldigungsversuchen und meinen Schuldzuweisungen, ohne dass ich vor Scham in die Erde versinken möchte. „Der liebe Gott mit Christussohn" wird sie verwandeln. Es ist eine unnachahmliche Leichtigkeit, mit der Ringelnatz Grundaussagen des Glaubens aufblättert, wie Schuld und Vergebung, Klage und Bitte. Wie oft habe ich das, was mir nicht gelang, mit meiner „ach so schweren Kindheit" gerechtfertigt. Dabei waren die Erfahrungen nicht schwerer, als andere Kinder sie auch machen. Dieses einzugestehen vor sich und Gott, ist der Prozess, den ich mit Erwachsenwerden verbinde. Sonst bleibt man das ungezogene Kind, weil ...

Allerdings – ohne die Hoffnung auf Vergebung ist der Weg mühsam und schwer. Und selbst, wenn man ihn geschafft hat, gelingt es nicht immer, denen, die es uns schwer gemacht haben, Gutes zu wünschen: der Oma zum Beispiel die Zähne.

Bisher hatte ich die Kindergebete noch nie durch die „theologische Brille" gelesen. Es ist eine Entdeckungsreise, zu der ich mich aufgemacht habe.

Ich weiß ein wenig mehr, warum ich diese Texte so mag und warum sie mir an manchen Abenden in den Sinn kommen. Besonders ist es die Zeile „lieber Gott, nun gute Nacht, ich habe noch schnell Pipi gemacht, damit ich von die träume". Sie mögen mich vielleicht auslachen, doch ich gestehe es, genau diese Zeile hilft mir, die Distanz zu Gott in für mich fragwürdigen Zeiten zu überwinden.

Wie schon gesagt, auch mich selbst „auf die Schippe zu nehmen".

Ringelnatz ist Künstler in clownesken Wortspielen, und die Kindergebetchen sind ein Meisterwerk – für mich. Ich wünsche mir, dass es wenigstens ab und zu auch mir gelingt, mit solcher Leichtigkeit Theologie in Worte zu fassen und hin und wieder in die Rolle des Clown schlüpfen zu können.

Uta Grohs

Wie soll ich dich empfangen?

von Paul Gerhardt

Ein Lieblingsgedicht vorzustellen, bin ich aufgefordert worden. Bei der ersten Anfrage tat ich mich schwer, mich innerlich festzulegen, welches Gedicht ich denn nehmen wollte, wenn ich zusagte … Ich schwankte zwischen Klassikern und Zeitgenössinnen und Zeitgenossen, mochte mich nicht entschließen, fühlte mich nicht zuständig, weil nicht kompetent genug und überließ den Brief mit der Anfrage dem Schicksal, dass sich vermeintlich Wichtigeres, schneller zu Erledigendes auf dem Schreibtisch darüber häufte.

Wieder einmal wurmte mich unterbewusst meine Ambivalenz zu Gedichten. Ich bin mit einer Auswahl von ihnen fast buchstäblich wie mit der Muttermilch groß geworden – meine Mutter hielt unsere Familie in den Hungerjahren durch Rezitationsabende mühsam über Wasser. Die Sprechübungen zuhause in einer engen Dachkammer fand ich einerseits faszinierend, manchmal aber auch lächerlich. Und den eigentlichen Auftritt erlebte ich – weil ich noch zu klein war – nie mit. Den lächerlichen Eindruck wagte ich mir selbst kaum einzugestehen, es wäre einem Sakrileg der Familienwerte gleichgekommen. Der Deutschunterricht in der Schule war dann leider nicht dazu angetan, mich von dieser Ambivalenz zu befreien.

Ich habe erst als Erwachsene nach und nach begriffen, dass ich nicht objektiven Interpretationskriterien entsprechen muss, um mich an Gedichten zu freuen, eigenes Lebensgefühl in ihnen ausgedrückt und in mir durch sie zum Klingen gebracht zu finden.

Also fast hätte ich mich gedrückt, aber schon mit einem deutlichen Wurmen. Aber mit der konkreten Terminierung des Dezembers war es sonnenklar. Es würde Paul Gerhardt sein „Wie soll ich dich empfangen?"

Wie soll ich dich empfangen und wie begegn ich dir,
o aller Welt Verlangen, o meiner Seelen Zier?
O Jesu, Jesu, setze mir selbst die Fackel bei,
damit was dich ergötze, mir kund und wissend sei.

Dein Zion streut dir Palmen, und grüne Zweige hin
und ich will dir in Psalmen ermuntern meinen Sinn.
Mein Herze soll dir grünen in stetem Lob und Preis und
deinem Namen dienen, so gut es kann und weiß.

Was hast du unterlassen zu meinem Trost und Freud,
als Leib und Seele saßen in ihrem größten Leid?
Als mir das Reich genommen, da Fried und Freude lacht,
da bist du, mein Heil, kommen und hast mich froh gemacht.

Ich lag in schweren Banden, du kommst und machst
mich los;
ich stand in Spott und Schanden, du kommst und machst
mich groß
und hebst mich hoch zu Ehren und schenkst mir großes Gut,
das sich nicht läßt verzehren, wie irdisch Reichtum tut.

Nichts, nichts hat dich getrieben zu mir vom Himmelszelt
als das geliebte Lieben, damit du alle Welt
in ihren tausend Plagen und großen Jammerlast,
die kein Mund kann aussagen, so fest umfangen hast.

Das schreib dir in dein Herze, du hochbetrübtes Heer,
bei denen Gram und Schmerze sich häuft je mehr und mehr;
seid unverzagt, ihr habet die Hilfe vor der Tür;
der eure Herzen labet und tröstet, steht allhier.

In den Ausmaßen des eben gelesenen Abschnittes begleitet dieser
Choral mich seit Kindertagen – vermittelt von meiner Mutter, die es
erreichte, dass wir während der Adventszeit beim Frühstück oder nach-
mittags zusammensaßen und Choräle sangen – eine von mir sehr ver-
innerlichte und liebgewordene Gewohnheit, die zum Glück gar nichts
von Übungscharakter, dafür umso mehr von gelebter Frömmigkeit an

sich hatte – das begriff ich aber erst später. Es wird aber wohl der entscheidende Grund dafür gewesen sein, dass ich solche Augenblicke des Tags als stimmig und kostbar gespeichert habe.

Natürlich habe ich als Kind und Schülerin die Tiefe der einzelnen Textpassagen kaum erfassen können, habe noch nicht die gelungene Zusammenschau von universaler und persönlichster Heilssehnsucht erkannt, „o aller Welt Verlangen, o meiner Seele Zier".

Bei der Frage „wie soll ich dich empfangen und wie begegne ich dir?" habe ich eher die herausgehobenen Besuche von verehrten Tanten assoziiert, die, wenn sie kamen, Glanz in unseren ziemlich grauen Alltag brachten. Später habe ich mit dem Kopf schnell verstanden, dass die Sehnsucht nach solchem Glanz auf Jesus projeziert wird – ohne dass ich damals dieses Wort Projektion schon kannte. Die in der Begegnung mit Jesus liegende Kraft der Erhellung, der Orientierung habe ich eher mittelbar erfasst – an dem Miterleben, was diese Zeilen in meiner Mutter auslösten und an Geborgenheit, Zuversicht und Lebensmut ausstrahlen ließen.

Zum Glück brauchte ich mich nicht an den Worten allein auszurichten, mindestens ebenso wichtig, vielleicht sogar noch wichtiger, war mir die Melodie – die in mittlerer Tonlage auf- und wieder absteigenden Töne der wiederholten ersten Zeile, und dann der jedes Mal neu überraschende Sprung nach oben, klar und hell. Nach dieser Höhe kann ich mich zufrieden geben mit dem Abstieg in die mittlere und tiefere Tonlage. Denn die ersehnte Überraschung wird sich Strophe für Strophe wiederholen – in Gerhardtscher Manier zehnmal.

Ich erinnere noch, wie enttäuscht, ja empört ich war, als ich beim ersten Zuhören des Weihnachtsoratoriums merkte, dass Bach „meinem" Lieblingschoral eine, wie ich fand, artfremde Melodie unterlegt hatte. Es kam einer persönlichen Kränkung gleich. Dass eine wohlüberlegte Absicht darin steckte, dem Adventschoral eine Passionsmelodie zu unterlegen, habe ich erst später begriffen. Und trotzdem irritiert es mich noch heute bei jedem Hören des Weihnachtsoratoriums neu – inzwischen eine heilsame Irritation, die mich immer tiefer in die Auseinandersetzung mit der Botschaft des Chorals führt. Der Bezug auf den Einzug Jesu in Jerusalem begegnet uns in jedem Kirchenjahr zweimal, einmal am ersten Advent und einmal am Palmsonntag.

In meiner Kindheit kam mir das Palmen-streuende Zion dieser Welt entrückt vor, eben Jesus und der Vergangenheit zuzurechnen – wie ein unerreichbarer Ort der Sehnsucht oder allenfalls ein Ort von Auserwählten und Seligen: ich ging lange Zeit nicht davon aus, ihn in meinem Schulatlas finden zu können. Dass lebendige Menschen versuchten, sich dorthin zu retten – aus dem Inferno, in das hinein ich geboren worden war, ging mir später voller Entsetzen nach und nach auf. Und dass diese Menschen die Bedeutung Jesu anders sahen als wir in der Kirche, diese Erkenntnis blieb einem noch weiteren Entwicklungsschritt vorbehalten.

Die Bodenhaftung des Chorals begann für mich als Kind mit der 3. Strophe. Ich witterte bei den Worten „als Leib und Seele saßen in ihrem größten Leid", womit die Erwachsenen meiner Umgebung sich quälten und auseinandersetzten – es musste eine schwere, niederziehende Last sein – so ließ ihr immer wieder durchbrechender Ernst es mich ahnen. Und wer hatte ihnen, wer hatte an-deren, uns allen das Reich genommen, da Fried und Freude lacht? Welches Reich? Hing es irgendwie mit dem 1000jährigen Reich zusammen?

Mir ist heute klar: meine Mutter und manche andere machten ihrer beladenen Seele Luft mit diesem Lied, setzten sich auseinander mit dem Versagen des Wegsehens, mit dem Nicht-Wahrhaben-Wollen und Verdrängen der zurückliegenden Jahre. Sie suchten nach Halt, und viele – für meine Mutter galt es eindeutig – fanden ihn, indem sie im Suchen und Fragen und Zweifeln der Mütter und Väter der biblischen Überlieferung und der Kirchengeschichte Sprache entdeckten für das, woran sie sonst erstickt wären; der Choral von Paul Gerhardt ließ sie wieder frei durchatmen. „Da bist du, mein Heil, kommen und hast mich frohgemacht"! wurde Wahrheit. So habe ich miterlebt, wie sich meiner Mutter der Zugang zu einer Kraftquelle erschloss: befreiend und erlösend! Das kam mir doppelt zugute, meine Mutter wurde fähig, die Herausforderung des Zusammenbruches und der Nachkriegs-

zeit anzunehmen und auch die Herausforderung, mich ins Leben hin-
einzuführen, und sie lehrte mich, den Weg zu meiner Wahrheit zu
suchen und zu finden, aber sie nie als unverlierbaren Besitz zu verstehen, sondern als kostbares Geschenk des Lebens an mich. Je mehr
Bodenhaftung dabei erkennbar – umso überzeugender.

So verbinden sich mit den schweren Banden, Spott und Schanden,
mit den tausend Plagen und der großen Jammerlast, mit dem hoch-
betrübten Heer und dem Grauen und Schmerz die Schicksale der
Beladenen und Gefangenen damals – vor allem der in Rußland Gefangenen und die Gesichter der unzähligen in ihrem Innern gebrochenen
Menschen, meist Männer, und die Gesichter derer, die spät die eigene
Mitverantwortung an politischer Schuld erkannten.

Mit den Augen und der Aufnahmefähigkeit der Theologin, die ich
schließlich wesentlich geprägt von solchen Eindrücken und Beispie-
len meiner Kindheit geworden bin, entdecke ich in Paul Gerhardts
Adventslied vorgezeichnet, was mich an der kontextualen Theologie
der Gegenwart – an der Befreiungstheologie ebenso wie in der femi-
nistischen Theologie – fasziniert: die gegenseitige Durchdringung von
persönlich erfahrener und gestalteter Innerlichkeit des Glaubens
einerseits und von erkennbar daraus abgeleiteter politischer Verantwortung andererseits. Diese beiden Bereiche, die in vielen Lebensge-
schichten, oft in ganzen Generationen auseinander klaffen oder gar
auseinanderbrechen, werden nach Paul Gerhardts Erfahrung und Überzeugung zusammengehalten von der Ankunft Jesu. Ich kenne kein
anderes Adventslied, das in so vielen Variationen und so prägnant
davon spricht, dass und wie Jesus kommt. Nur so ist die Bodenhaftung, die Verhaftung an reale, oft verfahrene und schuldbeladene Situation an das Hier und Heute auszuhalten, weil eine größere, klare-
re, eindeutigere Welt in unsere Welt hineinkommt. Sie ermutigt unsere
Welt zu sehen, wie sie ist und uns ihr auszusetzen.

Himmelszelt und alle Welt, Betrübnis und Labsal der Herzen, Ver-
zagtheit und tröstliche Hilfe, Immanenz und Transzendenz werden
zusammen gehalten.

Lange Zeit war das Lied nach der 6. Strophe für mich zu Ende.

Die 2. Hälfte des Liedes entdeckte ich erst nach Jahrzehnten, und zwar in einer Zeit gelösten Lebensgefühls, als ich nach langer innerer Einsamkeit wieder verliebt war und die Liebe beantwortet wurde.

Ihr dürft euch nicht bemühen noch sorgen Tag und Nacht,
wie ihr ihn wollet ziehen mit eures Armes Macht.
Er kommt, er kommt mit Willen, ist voller Lieb und Lust,
all Angst und Not zu stillen, die ihm an euch bewußt.

Auch das Bodenhaftung – erfülltes Glück nicht herbeigezwungen, sondern in Freiheit gewachsen und geschenkt, weil die Zeit reif dafür ist. Diese Erfahrung erlebte ich als freies kraftvolles Handeln Gottes. „Er kommt, er kommt mit Willen, ist voller Lieb und Lust". Darin steckt so viel Dynamis und Dynamik, dass ich über Genuss und Gestaltung persönlichen Glücks hinaus meine Augen öffnen kann für meinen Teil der Verantwortung für die Welt. So hat sich mir der Zugang zur 2. Hälfte geöffnet, die in den Gottesdiensten meist unterschlagen wird.

Auch dürft ihr nicht erschrecken vor eurer Sünden Schuld;
nein, Jesus will sie decken mit seiner Lieb und Huld.
Er kommt, er kommt den Sündern zu Trost und wahrem Heil,
schafft, dass bei Gottes Kindern verbleib ihr Erb und Teil.

Was fragt ihr nach dem Schreien der Feind und ihrer Tück?
Der Herr wird sie zerstreuen in einem Augenblick.
Er kommt, er kommt, ein König, dem wahrlich alle Feind
auf Erden viel zu wenig zum Widerstande seind.

Er kommt zum Weltgerichte: zum Fluch dem, der ihm flucht,
mit Gnad und süßem Lichte dem, der ihn liebt und sucht.
Ach komm, ach komm, o Sonne, und hol uns allzumal
zum ewgen Licht und Wonne in deinen Freundensaal.

In dieser zweiten Hälfte des Liedes – ab Vers 6 – werden die vorher beschriebenen persönlichen Glaubenserfahrungen anderen wie zum Betrachten, zum Mitbedenken und Anstecken vorgestellt. Dabei würde ich Paul Gerhardt gern fragen, ob meine Vermutung zutrifft, dass

Vers 6 dem 5. Vers, Vers 7 dem 4. Vers, Vers 8 dem 3., Vers 9 dem 2 und Vers 10 noch einmal dem 1. Vers entsprechen soll. Die Motive legen das nahe.

Wahrscheinlich liegt es an den Weltereignissen der letzten Monate und den durch sie ausgelösten Erschütterungen, dass die sonst eher gemiedenen Vokabeln wie Schuld und Sünde und Sünder für mich einen neuen Klang bekommen. Sie wirken auf mich nicht abständig wie sonst oft, sondern höchst aktuell und decken die Zusammenhänge von dem bequemen Leben vieler auf der Nordhalbkugel und den ungerecht verteilten Chancen und der Verführbarkeit zu Gewalt und Zerstörung auf.

Bei dem trotzigen Vers 9 schieben sich allerdings störend die Bilder und Töne neu erwachten amerikanischen und westlichen Nationalstolzes dazwischen.

Weil ich weiß, dass Paul Gerhardt geprägt war vom Schrecken des 30jährigen Krieges und der Erlösung durch den langersehnten Frieden, ahne ich, dass er diesen Vers nicht vollmundig gemeint haben kann. „Was fragt ihr nach dem Schreien der Feinde ihrer Tück'? Der Herr wird sie zerstreuen in einem Augenblick". Ist das mein, unser Gottesbild?

Wie ich zu den Rachepsalmen in diesem Jahr neuen Zugang bekomme, ahne ich etwas von der Entlastung, den Impuls zum Zerstreuen, Zerstören nicht selbst verwirklichen zu müssen, sondern es Gott zu überlassen, wie er die lebensfeindlichen Kräfte ihrer unausweichlichen Macht beraubt.

Für meine, unsere Rolle dabei finde ich aber bei Gerhardt kaum Anhaltspunkte. Und ich möchte nicht vom Widerstand der Feinde gegen Gott singen, sondern dem Widerstand Gottes gegen sie Ausdruck verleihen – aber gerade nicht im Sinn von militärischen Vergeltungsanschlägen, wie wir es augenblicklich erleben, sondern im Sinn der Aufforderung, Böses mit Gutem zu überwinden. Darum höre und singe ich diesen Vers mit verhaltener Stimme.

Und ähnlich ergeht es mir mit dem 10. Vers – der abschließenden Ewigkeitsstrophe. Jedes Lied von Gerhardt endet mit einer Ewigkeitsstrophe. „Er kommt zum Weltgerichte" – dieses Wort trifft wie ein Blitz und ebenso die beunruhigende Frage, ob und wer denn wohl in dem Ereignis vom 11. September und den Folgeereignissen zum Gericht kommt, wer über wen zu Gericht sitzt?

Was hat Gott damit zu tun? Wird es auch für moderne Menschen hilfreich und tröstlich, sich jenseits aller Erschütterungen einen Weltenrichter vorzustellen? Ist das gedanklich und theologisch redlich?

Die furchtbare Verdrehung von Leben und Fluch, zu dem viele sich verführen und hinreißen lassen und andere mitreißen – wird sich solche Perversion je in Gnad und süßes Licht auflösen können? Hier ist der einzige Punkt im Lied, wo Paul Gerhardts Erfahrungsschatz und theologisches Vorstellungsvermögen und seine Art der Verarbeitung meinen Fragen nicht standhalten. Umso eher kann ich in den Stoßseufzer dann aus vollem Herzen einstimmen:

Ach komm, auch komm, o Sonne, und hol uns allzumal.

Die Sehnsucht nach Klarheit, Orientierung, Erleuchtung, wie sie schon im 1. Vers durchscheint: hier zum Schluss schließt sich der Kreis auf überraschende Art. Gerhardt wird den Hinweis auf die Ewigkeit vermutlich beruhigend gemeint haben; ich erlebe sie im Gegenteil aufrüttelnd. Wieso überhaupt die Ewigkeit so in die Zukunft verschieben – oder unterstelle ich Paul Gerhardt damit ein Missverständnis unserer Zeit ?

Trotz dieser offenen Fragen zum Schluss bin ich der Überzeugung: es sind ausgehaltene und durchlebte Erschütterungen zu Gerhardts Zeit und heute, die uns über den zeitlichen Abstand hin in unserem Lebensgefühl und in den Deutungsmöglichkeiten verbinden. Das macht für mich die Aktualität und die Kraft des Liedes aus.

Ich kann mich in den reflektierten Erfahrungen von Glauben und Zweifeln des Theologischen Poeten nach 350 Jahren mit meinen Erfah-

rungen wiederfinden. Das Lied hilft mir zu meiner eigenen Sprach-
fähigkeit und eröffnet mir einen weiten Raum zum Entfalten, begleitet
und beschreibt meine Entwicklung.

In Anspielung an die Bilder aus dem 2. Vers „Dein Zion streut dir
Palmen und grüne Zweige hin" und „mein Herze soll dir grünen" zeig-
te mir eine Künstlerin eine ihrer Fotografien: Auf ihr ist ein Farn mit
unterschiedlich weit entrollten Farnblättern unter weitem Himmel zu
sehen. In diesem Bild vom sich entrollenden Farn ist die Bedeutung
des Liedes für mich anschaulich beschrieben: das Grundmuster ver-
heißungsvoller und gelungener Beziehung: Erwarten und Kommen,
Ankunft und Begegnung. Dieses Muster bestärkt meine Lebens-
hoffnung, dem Himmel, der mir entgegenkommt, entgegenzuwachsen.
Das ist für mich Advent – jedes Jahr vertraut und jedes Jahr anders
aktuell.

Weitere Titel aus der Reihe „Orientierungen"

– Band 1 –

Christoph Behrens, Rüdiger Sachau (Hrsg.)
Homosexualität - Herausforderung für die Familie
ISBN 3-930826-65-8 / 120 Seiten

– Band 2 –

Franz-Joseph Bartmann, Helga Pecnik, Rüdiger Sachau (Hrsg.)
Das rechte Maß der Medizin
Vom Arztsein in einer technisierten Welt
ISBN 3-930826-66-6 / 110 Seiten

– Band 3 –

Detlev Gause, Jürgen Hufeland, Heike Schlottau (Hrsg.)
Jugendgewalt ist männlich
Gewaltbereitschaft von Mädchen und Jungen
ISBN 3-930826-67-4 / ca. 120 Seiten

– Band 4 –

Detlev Gause, Heino Schomaker (Hrsg.)
Das Gedächtnis des Landes
Engagement von BürgerInnen für eine Kultur des Erinnerns
ISBN 3-930826-73-9 / 180 Seiten

Alle Bände je DM 19,80, Euro 10,20.
Wir senden Ihnen die Titel *„versandkostenfrei"* zu.

EB-Verlag, Eichenstraße 29, 20259 Hamburg
Tel.: 040 / 4905180 Fax: 040 / 40195233
post@ebverlag.de / www.ebverlag.de